MÉMOIRES

D'UN MÉDECIN.

Ouvrages de M. de Gondrecourt.

EN VENTE

Les Péchés mignons............... 5 vol. in-8.
Médine........................... 2 vol. in-8.
La Marquise de Candeuil.......... 2 vol. in-8.
Les derniers Kerven .... 2 vol. in-8.

SOUS PRESSE

Un Ami diabolique,............... 2 vol. in-8.
La Chasse aux Diamants........... 4 vol. in-8.
Le Bout de l'oreille.............. 2 vol. in-8.

EN VENTE

LA DAME AUX CAMÉLIAS

Par Alexandre DUMAS fils.

Ouvrage inédit et complet en 2 volumes.

— Corbeil, imprimerie de Crete. —

MÉMOIRES
D'UN MÉDECIN

PAR ALEXANDRE DUMAS.

JOSEPH BALSAMO.

Troisième Partie.

ANDRÉE DE TAVERNEY.

18

PARIS,
ALEXANDRE CADOT, ÉDITEUR,
32, rue de la Harpe.

1848

MÉMOIRES
D'UN MÉDECIN

PAR ALEXANDRE DUMAS

JOSEPH BALSAMO.

Troisième Partie.

18

PARIS,
ALEXANDRE CADOT, ÉDITEUR.

1848

I

Le cas de conscience (*suite*).

— Par vous, oui, monsieur, par vous, répéta Gilbert; monsieur, vous avez endormi mademoiselle Andrée; puis, vous vous êtes enfui; à mesure que vous vous éloigniez, les jambes lui manquaient; elle a fini par tomber. Je l'ai prise dans mes bras alors pour la reporter dans sa chambre; j'ai senti sa chair près de ma chair, un marbre fût devenu vivant!... moi, qui aimais, j'ai cédé à mon amour. Suis-je donc aussi criminel qu'on le dit, monsieur? Je vous le demande à vous, à vous la cause de mon malheur?

Balsamo reporta sur Gilbert son regard chargé de tristesse et de pitié.

— Tu as raison, enfant, dit-il, c'est moi qui ai causé ton crime et l'infortune de cette jeune fille.

— Et au lieu d'y porter remède, vous qui êtes un homme si puissant et qui devriez être si bon, vous avez aggravé le malheur de la jeune fille, vous avez suspendu la mort sur la tête du coupable.

— C'est vrai, répliqua Balsamo, et tu parles sagement. Depuis quelque temps, vois-tu, jeune homme, je suis une créature maudite, et tous mes desseins, en sortant de mon cerveau, prennent des formes menaçantes et nuisibles; cela tient à des malheurs que moi aussi j'ai subis, et que tu ne comprends pas. Toutefois, ce n'est point une raison pour que je fasse souffrir les autres : que demandes-tu, voyons?

— Je vous demande le moyen de tout réparer, monsieur le comte, crime et malheur.

— Tu aimes cette jeune fille ?

— Oh ! oui.

— Il y a bien des sortes d'amour. De quel amour l'aimes-tu ?

— Avant de la posséder je l'aimais avec délire ; aujourd'hui je l'aime avec remords, avec fureur. Je mourrais de douleur si elle me recevait avec colère ; je mourrais de joie si elle me permettait de baiser ses pieds.

— Elle est fille noble, mais elle est pauvre, dit Balsamo réfléchissant.

— Oui.

— Cependant, son frère est un homme de cœur que je crois peu entiché du vain privilége de la noblesse. Qu'arriverait-il si tu demandais à ce frère d'épouser sa sœur ?

— Il me tuerait, répondit froidement Gilbert ; cependant, comme je désire plutôt la mort que je ne la crains, si vous me conseillez de faire cette demande, je la ferai.

Balsamo réfléchit.

— Tu es un homme d'esprit, dit-il, et l'on dirait encore que tu es un homme de cœur, bien que tes actions soient vraiment criminelles, ma complicité à part. Eh bien! va trouver, non pas M. Philippe de Taverney, le fils, mais le baron de Taverney, son père, et dis-lui, dis-lui, entends-tu bien, que le jour où il t'aura permis d'épouser sa fille, tu apporteras une dot à mademoiselle Andrée.

— Je ne puis pas dire cela, monsieur le comte : je n'ai rien.

— Et moi je te dis que tu lui porteras en dot cent mille écus que je te donnerai pour réparer le malheur et le crime, ainsi que tu le disais tout à l'heure.

— Il ne me croira pas, il me sait pauvre.

— Eh bien, s'il ne te croit pas, tu lui montreras ces billets de caisse et, en les voyant, il ne doutera plus.

En disant ces mots, Balsamo ouvrit le tiroir d'une table, et compta trente billets de caisse de dix mille livres chacun.

Puis il les remit à Gilbert.

— Et c'est de l'argent, cela? demanda le jeune homme.

— Lis.

Gilbert jeta un avide regard sur la liasse qu'il tenait à la main, et reconnut la vérité de ce que lui disait Balsamo.

Un éclair de joie brilla dans ses yeux.

— Il serait possible? s'écria-t-il. Mais non, une pareille générosité serait trop sublime.

— Tu es défiant, dit Balsamo; tu as

raison; mais habitue-toi à choisir tes sujets de défiance. Prends donc ces cent mille écus, et va chez M. de Taverney.

— Monsieur, dit Gilbert, tant qu'une pareille somme m'aura été donnée sur une simple parole, je ne croirai pas à la réalité de ce don.

Balsamo prit une plume et écrivit :

« Je donne en dot à Gilbert, le jour où
« il signera son contrat de mariage avec
« mademoiselle Andrée de Taverney, la
« somme de cent mille écus que je lui ai

« remise d'avance, dans l'espoir d'une
« heureuse négociation.

« JOSEPH BALSAMO. »

— Prends ce papier, va, et ne doute plus.

Gilbert reçut le papier d'une main tremblante.

— Monsieur, dit-il, si je vous dois un pareil bonheur, vous serez le dieu que j'adorerai sur la terre.

— Il n'y a qu'un Dieu qui faille adorer,

répondit gravement Balsamo, et ce n'est pas moi. Allez, mon ami.

— Une dernière grâce, monsieur?

— Laquelle?

— Donnez-moi cinquante livres.

— Tu me demandes cinquante quand tu en tiens trois cent mille livres entre tes mains?

— Ces trois cent mille livres ne seront à moi, dit Gilbert, que le jour où mademoiselle Andrée consentira à m'épouser.

— Et pourquoi faire ces cinquante livres ?

— Afin que j'achète un habit décent avec lequel je puisse me présenter chez le baron.

— Tenez, mon ami, voilà, dit Balsamo.

Et il lui donna les cinquante livres qu'il désirait.

Là-dessus il congédia Gilbert d'un signe de tête, et du même pas lent et triste il rentra dans ses appartements.

II

Les projets de Gilbert.

Une fois dans la rue, Gilbert laissa refroidir cette fiévreuse imagination qui, aux derniers mots du comte, l'avait emporté au delà, non-seulement du probable, mais encore du possible.

Arrivé à la rue Pastourel, il s'assit sur une borne, et, jetant les yeux autour de lui pour s'assurer que personne ne l'espionnait, il tira de sa poche les billets de caisse tout froissés par le serrement de sa main.

C'est qu'une idée terrible lui était passée par l'esprit et lui avait fait venir la sueur au front.

— Voyons, dit-il en regardant les billets, si cet homme ne m'a point trompé, voyons s'il ne m'a pas tendu un piége, voyons s'il ne m'envoie pas à une mort certaine sous le prétexte de me procurer un bonheur certain; voyons s'il ne fait pas pour moi ce que l'on fait pour le mouton qu'on attire à l'abattoir en lui offrant une poignée d'herbe fleurie. J'ai ouï dire qu'il courait un grand nombre de faux billets de caisse, à l'aide desquels les roués de la cour trompaient parfois les filles d'Opéra. Voyons si le comte ne m'aurait pas pris pour dupe.

Et il détacha de la liasse un de ces billets de dix mille livres; puis, entrant chez un marchand, il demanda, en montrant le billet, l'adresse d'un banquier pour le changer, ainsi que son maître, disait-il, l'en avait chargé.

Le marchand regarda le billet, le tourna et le retourna en l'admirant fort, car la somme était pompeuse et sa boutique bien modeste; puis il indiqua, rue Sainte-Avoie, le financier dont Gilbert avait besoin.

Donc le billet était bon.

Gilbert, joyeux et tout gonflé de sa joie, rendit aussitôt les rênes à son imagination, serra plus précieusement que jamais la liasse dans son mouchoir, et avisant rue Sainte-Avoie un fripier, dont l'étalage le séduisit, il fit emplète pour vingt-cinq livres, c'est-à-dire pour un des deux louis que Balsamo lui avait donnés, d'un habit complet de petit drap marron, dont la propreté le charma, d'une paire de bas de soie noire un peu fanés, et de souliers à boucles luisantes; une chemise de toile assez fine compléta le costume, plus décent que riche, dans lequel Gilbert s'admira par un seul coup d'œil donné dans le miroir du fripier.

Puis, laissant ses vieilles hardes comme appoint des vingt-cinq livres, il serra le précieux mouchoir dans sa poche et passa de la boutique du fripier dans celle du perruquier, lequel, en un quart d'heure, acheva de rendre élégante, et même belle, cette tête si remarquable du protégé de Balsamo.

Enfin, lorsque toutes ces opérations furent accomplies, Gilbert entra chez un boulanger qui demeurait près de la place Louis XV, et acheta dans sa boutique pour deux sous de pain, qu'il mangea rapidement en suivant la route de Versailles.

A la fontaine de la Conférence, il s'arrêta pour boire.

Puis il reprit son chemin, refusant toutes les propositions des voiturins, qui ne comprenaient pas qu'un jeune homme si proprement mis économisât quinze sous aux dépens de son cirage à l'œuf.

Qu'eussent-ils dit s'ils eussent su que ce jeune homme, qui allait ainsi à pied, avait dans sa poche trois cent mille livres?

Mais Gilbert avait ses raisons pour aller à pied. D'abord à cause de la ferme résolution qu'il avait prise de ne pas excéder d'un liard le strict nécessaire; ensuite, le besoin d'isolement pour se livrer plus commodément à la pantomime et aux monologues.

Dieu seul sait tout ce qu'il se joua de dénoûments heureux dans la tête de ce jeune homme, pendant les deux heures et demie qu'il marcha.

En deux heures et demie, il avait fait plus de quatre lieues, et cela sans s'apercevoir de la distance, sans ressentir la moindre fatigue, tant c'était une puissante organisation que celle de ce jeune homme.

Tous ses plans étaient faits, et il s'était arrêté à cette façon d'introduire sa demande.

Aborder le père Taverney avec de

pompeuses paroles; puis, quand il aurait l'autorisation du baron, mademoiselle Andrée, avec des discours d'une telle éloquence, que non-seulement elle pardonnât, mais encore qu'elle conçût du respect et de l'affection pour l'auteur de la pathétique harangue qu'il avait préparée.

A force d'y songer, l'espérance avait pris le dessus sur la crainte, et il semblait impossible à Gilbert qu'une fille, dans la position où se trouvait Andrée, n'acceptât point la réparation offerte par l'amour, quand cet amour se présentait avec une somme de cent mille écus.

Gilbert bâtissait tous ces châteaux en Espagne, était naïf et honnête comme le plus simple enfant des patriarches. Il oubliait tout le mal qu'il avait fait, ce qui était peut-être d'un cœur plus honnête qu'on ne le pense.

Toutes ses batteries préparées, il arriva, le cœur dans un étau, sur le territoire de Trianon. Une fois là, il était prêt à tout : aux premières fureurs de Philippe, que la générosité de sa démarche devait cependant, selon lui, dissuader; aux premiers dédains d'Andrée, que son amour devait soumettre; aux premières insultes du baron que son or devait adoucir.

En effet, Gilbert, tout éloigné de la société qu'il avait vécu, devinait instinctivement que trois cent mille livres dans la poche sont une sûre cuirasse ; ce qu'il redoutait le plus, c'était la vue des souffrances d'Andrée; contre ce malheur seulement il craignait sa faiblesse, faiblesse qui lui eût ôté une partie des moyens nécessaires au succès de sa cause.

Il entra donc dans les jardins, regardant, non sans un orgueil qui allait bien à sa physionomie, tous ces ouvriers, hier ses compagnons, aujourd'hui ses inférieurs.

La première question qu'il fit porta sur le baron de Taverney. Il s'adressait naturellement au garçon de service des communs.

— Le baron n'est point à Trianon, répondit celui-ci.

Gilbert hésita un moment.

— Et M. Philippe? demanda-t-il.

— Oh! M. Philippe est parti avec mademoiselle Andrée.

— Parti! s'écria Gilbert effrayé.

— Oui.

— Mademoiselle Andrée est donc partie ?

— Depuis cinq jours.

— Pour Paris ?

Le garçon fit un mouvement qui voulait dire :

— Je n'en sais rien.

— Comment, vous n'en savez rien ? s'écria Gilbert. Mademoiselle Andrée est partie sans qu'on sache où elle est allée? Elle n'est point partie sans cause, cependant.

— Tiens, cette bêtise, répondit le garçon, peu respectueux pour l'habit marron de Gilbert; certainement qu'elle n'est point partie sans cause.

— Et pour quelle cause est-elle partie?

— Pour changer d'air.

— Pour changer d'air? répéta Gilbert.

— Oui, il paraît que celui de Trianon était mauvais pour sa santé, et, par ordonnance du médecin, elle a quitté Trianon.

Il était inutile d'en demander davantage; il était évident que le garçon des communs avait dit tout ce qu'il savait sur mademoiselle de Taverney.

Et cependant Gilbert, stupéfait, ne pouvait croire à ce qu'il entendait. Il courut à la chambre d'Andrée et trouva la porte close.

Des fragments de verre, des brins de

paille et de foin, des fils de la paillasse jonchant le corridor, représentaient à sa vue tous les résultats d'un déménagement.

Gilbert rentra dans son ancienne chambre, qu'il retrouva telle qu'il l'avait laissée.

La croisée d'Andrée était ouverte pour donner de l'air à l'appartement; sa vue put plonger jusque dans l'antichambre.

L'appartement était parfaitement vide.

Gilbert alors se laissa aller à une extravagante douleur; il se heurta la tête contre la muraille, se tordit les bras, se roula sur le plancher.

Puis, comme un insensé, il s'élança hors de la mansarde, descendit l'escalier comme s'il eût eu des ailes, s'enfonça dans le bois les mains noyées dans ses cheveux, et, avec des cris et des imprécations, il se laissa tomber au milieu des bruyères, maudissant la vie et ceux qui la lui avaient donnée.

— Oh! c'est fini, bien fini, murmura-t-il. Dieu ne veut pas que je la retrouve; Dieu veut que je meure de remords, de désespoir et d'amour; c'est ainsi que j'expierai mon crime, c'est ainsi que je vengerai celle que j'ai outragée.

Où peut-elle être?

A Taverney! Oh! j'irai, j'irai! J'irai jusqu'aux extrémités du monde; je monterai jusqu'aux nuages s'il le faut. Oh! je retrouverai sa trace et je la suivrai, dussé-je tomber à moitié chemin de faim et de fatigue.

Mais peu à peu, soulagé de sa douleur par l'explosion de sa douleur, Gilbert se souleva, respira plus librement, regarda.

autour de lui d'un air un peu moins hagard, et reprit, à pas lents, le chemin de Paris.

Cette fois, il mit cinq heures pour faire la route.

— Le baron, se disait-il avec une certaine apparence de raison, le baron n'aura peut-être pas quitté Paris; je lui parlerai. Mademoiselle Andrée a fui. En effet, elle ne pouvait rester à Trianon; mais, en quelque lieu qu'elle soit allée, son père sait où elle va; un mot de lui m'indiquera sa trace, et puis, d'ailleurs, il rappellera sa fille, si je parviens à convaincre son avarice.

Gilbert, fort de cette nouvelle pensée, rentra à Paris vers sept heures du soir, c'est-à-dire vers le moment où la fraîcheur amenait les promeneurs aux Champs-Élysées, où Paris flottait entre les premiers brouillards du soir et les premiers feux de ce jour factice qui lui fait une journée de vingt-quatre heures.

Le jeune homme, en conséquence de la résolution prise, alla droit à la porte du petit hôtel de la rue Coq-Héron, et frappa sans hésiter un instant.

Le silence seul lui répondit.

Il redoubla les coups de marteau, mais sans que le dixième obtînt plus de succès que le premier.

Alors cette dernière ressource, celle sur laquelle il avait compté, lui échappa. Fou de rage, mordant ses mains, pour punir son corps de ce qu'il souffrait moins que son âme, Gilbert tourna brusquement la rue, poussa le ressort de la porte de Rousseau, et monta l'escalier.

Le mouchoir qui renfermait les trente

billets de caisse, attachait aussi la clef du grenier.

Gilbert s'y précipita comme il se fût précipité dans la Seine si elle eût coulé à cet endroit.

Puis, comme la soirée était belle et que les nuages floconneux se jouaient dans l'azur du ciel, comme une douce senteur montait des tilleuls et des marronniers dans le crépuscule de la nuit, comme la chauve-souris venait battre de ses ailes silencieuses les vitres du petit châssis, Gilbert, rappelé à la vie par toutes ces sensations, s'approcha de la lucarne, et, voyant blanchir au milieu des arbres le pavillon du jardin où jadis il avait retrouvé Andrée qu'il croyait à jamais perdue, il sentit son cœur se briser et tomba presque évanoui sur l'appui de la gouttière, les yeux perdus dans une vague et stupide contemplation.

III

Où Gilbert voit qu'un crime est plus facile à commettre, qu'un préjugé à vaincre.

A mesure que diminuait la sensation douloureuse qui s'était emparée de Gilbert, ses idées devenaient plus nettes et plus précises.

Sur ces entrefaites, l'ombre qui s'épaississait l'empêcha de rien distinguer; alors, un invincible désir lui prit de voir les arbres, la maison, les allées que l'obscurité venait de confondre dans une seule masse, sur laquelle l'air flottait égaré comme sur un abîme.

Il se souvint qu'un soir, en des temps plus heureux, il avait voulu se procurer des nouvelles d'Andrée, la voir, l'entendre parler même, et qu'au péril de sa vie, souffrant encore de la maladie qui avait suivi le 31 mai, il s'était laissé glisser le long de la gouttière, du premier étage jusqu'en bas, c'est-à-dire jusqu'à ce bienheureux sol du jardin.

En ce temps-là, il y avait un grand danger à pénétrer dans cette maison, que le baron habitait, où Andrée était si bien gardée, et cependant, malgré ce danger, Gilbert se rappelait combien la situation était douce, et comment son cœur avait joyeusement battu quand il avait entendu le bruit de sa voix.

— Voyons, si je recommençais, si une dernière fois j'allais chercher le souvenir où fut la présence ; si une fois encore j'allais chercher à genoux, sur le sable des allées, la trace adorée qu'ont dû y laisser les pas de ma maîtresse.

Ce mot, ce mot effrayant s'il eût été entendu, Gilbert l'articula presque haut, prenant à le prononcer un étrange plaisir.

Gilbert interrompit son monologue pour fixer un regard profond sur la place où il devinait que le pavillon devait être.

Puis, après un instant de silence et d'investigation :

— Rien n'annonce, ajouta-t-il, que le

pavillon soit habité par d'autres locataires : ni lumières, ni bruit, ni portes ouvertes ; allons !

Gilbert avait un mérite : c'était, une fois sa résolution prise, la rapidité d'action avec laquelle il exécutait. Il ouvrit la porte de sa mansarde, descendit à tâtons comme un sylphe devant la porte de Rousseau; puis, arrivé au premier étage, il enjamba courageusement le plomb, et se laissa couler jusqu'au bas, au risque de faire une vieille culotte de cette culotte si fraîche encore le matin.

Arrivé au bas de l'espalier, il repassa

par toutes les émotions de sa première visite au pavillon, fit crier sous ses pas le sable, et reconnut la petite porte par laquelle Nicole avait introduit M. de Beausire.

Enfin, il alla vers le perron pour appliquer ses lèvres sur le bouton de cuivre de la persiennne, se disant que, sans nul doute, la main d'Andrée avait pressé ce bouton. Le crime de Gilbert lui avait fait de son amour quelque chose comme une religion.

Tout à coup, un bruit venu de l'intérieur fit tressaillir le jeune homme, bruit faible et sourd comme celui d'un pas léger sur le parquet.

Gilbert recula.

Sa tête était livide, et, en même temps, si bourrelée depuis huit ou dix jours, qu'en apercevant une lueur qui filtrait à travers la porte, il crut que la superstition, cette fille de l'ignorance et du remords, allumait dans ses yeux un de ses sinistres flambeaux, et que c'était ce flambeau qui transparaissait sur les lames des persiennes. Il crut que son âme chargée de terreurs, évoquait une autre âme, et que l'heure était venue d'une de ces hallucinations comme en ont les fous ou les extravagants passionnés.

Et cependant le pas et la lumière approchaient toujours. Gilbert voyait et entendait sans croire ; mais la persienne s'ouvrant soudain au moment où le jeune homme s'approchait pour regarder à travers les lames, il fut rejeté par le choc sur le côté du mur, poussa un grand cri, et tomba sur les deux genoux.

Ce qui le prosternait ainsi, c'était moins le choc que la vue : dans cette maison qu'il croyait déserte, à la porte de laquelle il avait frappé sans qu'on lui ouvrît, il venait de voir apparaître Andrée.

La jeune fille, car c'était bien elle et non pas une ombre, poussa un cri comme Gilbert; puis, moins effarée, car sans doute elle attendait quelqu'un :

— Qu'y a-t-il? demanda-t-elle. Qui êtes-vous? que désirez-vous?

— Oh! pardon, pardon, mademoiselle! murmura Gilbert, la face humblement tournée vers le sol.

— Gilbert, Gilbert ici! s'écria Andrée avec une surprise exempte de peur et de colère; Gilbert dans ce jardin? Que venez-vous y faire, mon ami?

Cette dernière appellation vibra douloureusement jusqu'au fond du cœur du jeune homme.

— Oh! dit-il d'une voix émue, ne m'accablez pas, mademoiselle, soyez miséricordieuse; j'ai tant souffert!

Andrée regarda Gilbert avec étonnement, et comme une femme qui ne comprenait rien à cette humilité :

— Et d'abord, dit-elle, relevez-vous, et expliquez-moi comment vous êtes ici.

— Oh! mademoiselle, s'écria Gilbert,

je ne me relèverai point que vous ne m'ayez pardonné !

— Qu'avez-vous donc fait contre moi, pour que je vous pardonne? dites, expliquez-vous; en tout cas, continua-t-elle avec un sourire mélancolique, comme l'offense ne peut être grande, le pardon sera facile. C'est Philippe qui vous a remis la clef?

— La clef?

— Sans doute, il était convenu que je n'ouvrirais à personne en son absence, et, pour que vous soyez entré, il faut bien que ce soit lui qui vous en ait facilité les moyens, à moins que vous n'ayez passé par-dessus les murs.

—Votre frère, monsieur Philippe? balbutia Gilbert. Non, non, ce n'est pas lui; mais ce n'est point de votre frère qu'il s'agit, mademoiselle; vous n'êtes donc point partie? vous n'avez donc pas quitté la France? O bonheur! bonheur inespéré!

Gilbert s'était relevé sur un genou, et, les bras ouverts, remerciait le ciel avec une étrange bonne foi.

Andrée se pencha vers lui, et le regardant avec inquiétude :

— Vous parlez comme un fou, monsieur Gilbert, dit-elle, et vous allez déchirer ma robe; lâchez donc ma robe, je vous prie, et mettez fin à cette comédie.

Gilbert se releva.

— Vous voilà en colère, dit-il; mais je n'ai point à me plaindre, car je l'ai bien mérité; je sais que ce n'est point ainsi que j'eusse dû me présenter; mais que voulez-vous, j'ignorais que vous habitassiez ce pavillon; je le croyais vide, solitaire; ce que j'y venais chercher, c'était votre souvenir : voilà tout... Le hasard seul... En vérité, je ne sais plus ce que je dis; excusez-moi; je voulais d'abord m'adresser à M. votre père : mais lui-même avait disparu.

Andrée fit un mouvement.

— A mon père, dit-elle, et pourquoi à mon père ?

Gilbert se trompa à cette réponse.

— Oh ! parce que je vous crains trop, dit-il ; et cependant, je le sais bien, mieux vaut que tout se passe entre vous et moi; c'est le moyen le plus sûr que tout soit réparé.

— Réparé ! qu'est-ce que cela ? demanda Andrée, et quelle chose doit être réparée, dites ?

Gilbert la regarda avec des yeux pleins d'amour et d'humilité.

— Oh ! ne vous courroucez pas, dit-il ; certes, c'est une grande témérité à moi, je le sais ; à moi, qui suis si peu de chose ; c'est une grande témérité, dis-je, que de lever les yeux si haut ; mais le malheur est accompli.

Andrée fit un mouvement.

— Le crime, si vous voulez, continua Gilbert ; oui, le crime, car réellement c'était un grand crime. Eh bien ! de ce crime, accusez la fatalité, mademoiselle, mais jamais mon cœur...

— Votre cœur ; votre crime ; la fatalité !... Vous êtes insensé, monsieur Gilbert, et vous me faites peur.

— Oh ! c'est impossible qu'avec tant de respect, tant de remords ; qu'avec le front baissé, les mains jointes, je vous inspire un autre sentiment que la pitié. Mademoiselle, écoutez ce que je vais vous dire, et c'est un engagement sacré que je prends en face de Dieu et des hommes ; je veux que toute ma vie soit consacrée à expier l'erreur d'un moment ; je veux que votre bonheur à venir soit si grand, qu'il efface toutes les douleurs passées. Mademoiselle...

Gilbert hésita.

—Mademoiselle, consentez à un mariage qui sanctifiera une criminelle union.

Andrée fit un pas en arrière.

— Non, non, dit Gilbert, je ne suis point un insensé ; n'essayez pas de fuir, ne m'arrachez point vos mains que j'embrasse ; par grâce, par pitié..., consentez à être ma femme.

— Votre femme! exclama Andrée, croyant que c'était elle-même qui devenait folle.

— Oh! continua Gilbert avec des sanglots dévorants, oh! dites que vous me pardonnez cette nuit horrible ; dites que mon attentat vous a fait horreur, mais dites aussi que vous pardonnez à mon repentir ; dites que mon amour, si longtemps comprimé, justifiait mon crime.

— Misérable ! s'écria Andrée avec une

sauvage fureur, c'était donc toi? Oh! mon Dieu, mon Dieu!

Et Andrée saisit sa tête qu'elle comprima entre ses deux mains, comme pour empêcher de fuir sa pensée révoltée.

Gilbert recula muet et pétrifié, devant cette belle et pâle tête de Méduse, qui peignait à la fois l'épouvante et l'étonnement.

— Est-ce que ce malheur m'était réservé, mon Dieu! s'écria la jeune fille, en proie à une exaltation croissante, de voir mon nom doublement déshonoré : déshonoré par le crime, déshonoré par le criminel? Réponds, lâche! réponds! misérable! C'était donc toi?

— Elle l'ignorait, murmura Gilbert anéanti.

— Au secours! au secours! cria Andrée en rentrant dans son appartement : Philippe! Philippe! à moi, Philippe!

Gilbert, qui l'avait suivie, sombre et désespéré, chercha des yeux autour de lui, soit une place pour tomber noblement sous les coups qu'il attendait, soit une arme pour se défendre.

Mais personne ne vint à l'appel d'Andrée, Andrée était seule dans l'appartement.

— Seule! oh! seule! s'écria la jeune fille avec une crispation de rage; hors d'ici, misérable! ne tente pas la colère de Dieu!

Gilbert releva doucement la tête.

— Votre colère, murmura-t-il, est pour moi la plus redoutable de toutes les colères; ne m'accablez donc pas, mademoiselle, par pitié!

Et il joignit les mains en suppliant.

— Assassin! assassin! assassin! vociféra la jeune femme.

— Mais vous ne voulez donc pas m'entendre? s'écria Gilbert; entendez-moi donc d'abord, au moins, et faites-moi tuer ensuite si vous voulez.

— T'entendre, t'entendre, encore ce supplice! et que diras-tu, voyons?

— Ce que je disais tout à l'heure; c'est que j'ai commis un crime, crime bien excusable pour quiconque lira dans mon cœur, et que j'apporte la réparation de ce crime.

— Oh! s'écria Andrée, voilà donc le sens de ce mot qui me faisait horreur avant même que je le comprisse; un mariage!... Je crois que vous avez prononcé ce mot?

— Mademoiselle! balbutia Gilbert.

— Un mariage, continua la fière jeune fille, s'exaltant de plus en plus. Oh! ce n'est pas de la colère que je ressens pour vous, c'est du mépris, c'est de la haine; avec ce mépris, c'est un sentiment si bas et si terrible à la fois que je ne comprends pas qu'on en puisse subir vivant l'expression telle que je vous la jette au visage.

Gilbert pâlit, deux larmes de rage brillèrent aux franges de ses paupières ; ses lèvres s'amincirent, pâlissantes, comme deux filets de nacre.

— Mademoiselle, dit-il tout frémissant, je ne suis pas si peu, en vérité, que je ne puisse servir à réparer la perte de votre honneur.

Andrée se redressa.

— S'il s'agissait d'honneur perdu, monsieur, dit-elle fièrement, ce serait de votre honneur à vous, et non du mien. Telle que je suis, mon honneur à moi est intact, et ce serait en vous épousant que je me déshonorerais!

— Je ne croyais pas, répondit Gilbert d'un ton froid et incisif, qu'une femme lorsqu'elle est devenue mère, dût considérer autre chose au monde que l'avenir de son enfant.

— Et moi, je ne suppose point que vous osiez vous occuper de cela, monsieur, repartit Andrée dont les yeux étincelèrent.

— Je m'en occupe au contraire, mademoiselle, répondit Gilbert, commençant à se relever sous le pied acharné qui le foulait. Je m'en occupe, car je ne veux pas que cet enfant meure de faim, comme cela arrive souvent dans les maisons des nobles, où les filles entendent l'honneur à leur manière. Les hommes se valent entre eux; des hommes qui valaient eux-mêmes mieux que les autres ont proclamé cette maxime. Que vous ne m'aimiez pas, je le conçois, car vous ne voyez pas mon cœur: que vous me méprisiez, je le conçois encore, vous ne savez pas ce que je pense; mais que vous me refusiez le droit de m'occuper de mon enfant, jamais je ne le comprendrai. Hélas! en cherchant à vous épouser, je ne contentais pas un désir, une passion, une ambition ; j'accomplissais un devoir, je me condamnais à être votre esclave, je vous donnais ma vie. Eh ! mon Dieu, vous n'eussiez jamais porté mon nom ; si vous eussiez voulu, vous eussiez continué de me traiter comme le jardinier Gilbert, c'était juste ; mais, votre enfant, vous ne deviez pas le sacrifier. Voici trois cent mille livres qu'un protecteur généreux, qui m'a jugé autrement que vous, m'a données pour dot. Si je vous épouse, cet argent m'appartient ; or, pour moi, mademoiselle, je n'ai besoin de rien que d'un peu d'air pour respirer, si je vis, et d'une fosse dans la terre pour y cacher mon corps, si je meurs.

Ce que j'ai en plus, je le donne à mon enfant; tenez, voilà les trois cent mille livres.

Et il déposa sur la table la masse de billets, presque sous la main d'Andrée.

— Monsieur, dit celle-ci, vous faites une grave erreur; vous n'avez pas d'enfant !

— Moi !

— De quel enfant parlez-vous donc? demanda Andrée.

— Mais de celui dont vous êtes mère. N'avez-vous pas avoué devant deux personnes : devant votre frère Philippe, devant le comte Balsamo ; n'avez-vous pas avoué que vous étiez enceinte, et que c'était moi, moi malheureux !...

— Ah ! vous avez entendu cela, s'écria Andrée ; eh bien ! tant mieux, tant mieux ; alors, monsieur, voici ce que je vous répondrai ; vous m'avez lâchement fait violence ; vous m'avez possédée pendant mon sommeil ; vous m'avez possédée par un crime ; je suis mère, c'est vrai ; mais mon enfant n'a qu'une mère, entendez-vous? Vous m'avez violée, c'est vrai ; mais vous n'êtes pas le père de mon enfant !

Et saisissant les billets, elle les jeta dédaigneusement hors de la chambre, de telle façon qu'ils effleurèrent, en volant, le visage blémissant du malheureux Gilbert.

Alors il ressentit un mouvement de fureur tellement sombre, que le bon ange d'Andrée dut trembler encore une fois pour elle.

Mais cette fureur se contint par sa violence même, et le jeune homme passa devant Andrée sans même lui adresser un regard.

Il n'eut pas plutôt dépassé le seuil de la porte, qu'elle s'élança derrière lui, ferma portes, persiennes, fenêtres et volets, comme si, par cette action violente, elle mettait l'univers entre le présent et le passé!

IV

Résolution.

Comment Gilbert rentra chez lui, comment il put, sans expirer de douleur et de rage, supporter les angoisses de la nuit, comment il ne se releva pas tout au moins avec des cheveux blancs, voilà ce que nous n'entreprendrons pas d'expliquer au lecteur.

Le jour venu, Gilbert se sentit un violent désir d'écrire à Andrée pour lui dire tous les arguments si solides, si pleins de probité que la nuit avait fait jaillir de son cerveau; mais en trop de circonstances déjà il avait expérimenté le caractère inflexible de la jeune fille, il ne lui restait plus aucune espérance. Écrire, d'ailleurs, était une concession qui répugnait à sa fierté. Pensant que sa lettre serait froissée, jetée sans être lue peut-être; songeant qu'elle ne servirait qu'à mettre sur ses traces une meute d'ennemis acharnés, inintelligents, ce fut une raison pour qu'il n'écrivît pas.

Gilbert pensa alors que sa démarche pouvait être mieux reçue du père, qui était un avare et un ambitieux; du frère, qui était un homme de cœur, et dont le premier mouvement seul était à craindre. Mais, se dit-il, à quoi bon être soutenu par M. de Taverney ou par M. Philippe, lorsque Andrée me poursuivra de son éternel :

— Je ne vous connais pas !

— C'est bien, ajouta-t-il en lui-même;

rien ne m'attache plus à cette femme ; elle-même a pris soin de briser les liens qui nous unissaient.

Il disait cela en se roulant de douleur sur son matelas, en se rappelant avec rage les moindres détails de la voix, de la figure d'Andrée ; il disait cela en souffrant une torture inexprimable, car il aimait éperdument.

Quand le soleil, déjà haut sur l'horizon, pénétra dans la mansarde, Gilbert se leva chancelant avec le dernier espoir d'apercevoir son ennemie dans le jardin ou dans le pavillon même.

C'était encore une joie dans le malheur.

— Mais tout à coup, un flot amer de dépit, de remords, de colère, vint noyer sa pensée; il se rappela tout ce que la jeune fille lui avait fait subir de dégoûts, de mépris; et, s'arrêtant lui-même au milieu du grenier, par un ordre que la volonté donna rudement à la matière :

— Non! dit-il, non, tu n'iras pas regarder à cette fenêtre; non, tu ne t'infiltreras plus le poison dont tu te plais à mourir. C'est une cruelle, celle qui jamais, quand tu courbais le front devant elle, ne t'a souri, ne t'a adressé une parole de consolation ou d'amitié ; celle qui a pris plaisir à broyer dans ses ongles ton cœur encore plein d'innocence et de chaste amour. C'est une créature sans honneur et sans religion, celle qui nie à l'enfant son père, son soutien naturel, et qui condamne la pauvre petite créature à l'oubli, à la misère, à la mort peut-être, attendu que cet enfant déshonore les entrailles où il a été conçu. Eh bien ! non, Gilbert, tout criminel que tu fus, tout amoureux et lâche que tu es, je te défends de marcher vers cette lucarne, et d'adresser un seul regard dans la direction du pavillon ; je te défends de t'apitoyer sur le sort de cette femme, et d'affaiblir les ressorts de ton âme en songeant à tout ce qui s'est passé.

— Use ta vie comme la brute, dans le travail et la satisfaction des besoins matériels; use le temps qui va s'écouler entre l'affront et la vengeance, et souviens-toi toujours que le seul moyen de te respecter encore, de te tenir au-dessus de ces nobles orgueilleux, c'est d'être plus noble qu'eux-mêmes.

Pâle, tremblant, attiré par le cœur du côté de cette fenêtre, il obéit pourtant à l'ordre de l'esprit. On eût pu le voir, peu à peu, lentement, comme si ses pieds eussent pris racine en cette chambre, marcher un pas l'un après l'autre pour se porter du côté de l'escalier. Enfin, il sortit pour se rendre chez Balsamo.

Mais tout à coup se ravisant :

— Fou! dit-il; misérable écervelé que je suis; je parlais, je crois, de vengeance, et quelle vengeance exercerais-je?

— Tuer la femme? Oh! non, elle tomberait heureuse de me flétrir par une injure de plus! La déshonorer publiquement? Oh! c'est d'un lâche!... Est-il une place sensible en l'âme de cette créature où mon coup d'épingle frappe aussi dou-

loureusement qu'un coup de poignard...
C'est l'humiliation qu'il lui faut...; oui,
car elle est encore plus orgueilleuse que
moi.

— L'humilier... moi... comment? Je
n'ai rien, je ne suis rien, et elle va disparaître sans doute. Certes, ma présence,
des apparitions fréquentes, un regard de
mépris ou de provocation la châtieraient
cruellement. Je sais bien que la mère
sans entrailles serait une sœur sans cœur,
et m'enverrait son frère pour me tuer;
mais, qui m'empêche d'apprendre à tuer
un homme, comme j'ai appris à raison-
ner ou à écrire; qui m'empêche de ter-

rasser Philippe, de le désarmer, de rire au nez du vengeur comme à celui de l'offensée? Non, ce moyen est un moyen de comédie ; tel compte sur son adresse et son expérience qui n'a pas calculé l'intervention de Dieu ou du hasard..... Seul, moi seul, avec mon bras nu, avec une raison dépouillée d'imagination, avec la force de mes muscles donnés par la nature et la force de ma pensée, je réduirai à néant les projets de ces malheureux... Que veut Andrée, que possède-t-elle, que met-elle en avant pour sa défense et pour mon opprobre?... Cherchons.

Puis, sur le bord de la saillie du mur,

courbé, l'œil fixe, il médita profondément.

— Ce qui peut plaire à Andrée, dit-il, c'est ce que je déteste. Il faut donc détruire tout ce que je déteste... Détruire! oh! non... Que ma vengeance ne me porte jamais au mal! que jamais elle ne me force à employer le fer ou le feu ! Que me reste-t-il alors? Le voici : c'est de chercher la cause de la supériorité d'Andrée; c'est de voir par quelle chaîne elle va retenir à la fois mon cœur et mon bras... Oh! ne plus la voir!... oh! ne plus être regardé par elle!... oh! passer à deux pas de cette femme, alors que souriant avec sa beauté insolente elle tiendra par la main son enfant... son enfant qui ne me connaîtra jamais... Terre et cieux!

Et Gilbert ponctua cette phrase d'un furieux coup de poing dans la muraille, et d'une imprécation plus terrible encore qui s'envola vers le ciel.

— Son enfant! voilà tout le secret. Il ne faut pas qu'elle possède jamais cet enfant, qu'elle habituerait à exécrer le nom de Gilbert. Il faut qu'au contraire elle sache bien que cet enfant grandira dans l'exécration du nom d'Andrée! En un mot, cet enfant qu'elle n'aimerait pas, qu'elle torturerait peut-être, car c'est un mauvais cœur, cet enfant, avec lequel on me flagellerait perpétuellement, il faut que jamais Andrée ne le voie, et qu'elle pousse, l'ayant perdu, des rugissements pareils à ceux des lionnes qu'on a privées de leurs lionceaux ! Gilbert se releva beau de colère et de sa joie sauvage.

— C'est cela, dit-il en étendant le poing vers le pavillon d'Andrée, tu m'as condamné à la honte, à l'isolement, au remords, à l'amour... ; je te condamne, moi, à la souffrance sans fruit, à l'isolement, à la honte, à la terreur, à la haine sans vengeance. Tu me chercheras, j'aurai fui; tu appelleras l'enfant, dusses-tu le déchirer si tu le retrouvais ; mais ce sera au moins une rage de désir que j'aurai allumée dans ton âme; ce sera une lame sans poignée que j'aurai enfoncée dans ton cœur... Oui, oui, l'enfant !

— J'aurai l'enfant, Andrée ; j'aurai, non pas ton enfant comme tu dis, mais le mien. Gilbert aura son enfant ! fils noble par sa mère... Mon enfant !... mon enfant !...

Et il s'anima insensiblement des transports d'une ivresse de joie.

— Allons, dit-il, il ne s'agit pas de dépits vulgaires ou de petites lamentations pastorales; il s'agit d'un bel et bon complot. Ce n'est plus d'ordonner à mon regard de n'aller pas chercher le pavillon; mais bien d'ordonner à toute ma force, à toute mon âme, de veiller pour assurer le succès de mon entreprise.

— Je veillerai, Andrée! dit-il solennellement en s'approchant de la fenêtre, jour et nuit; tu ne feras plus un mouvement que je ne l'épie; tu ne pousseras pas un cri de douleur que je ne te promette une douleur plus aiguë; tu n'ébaucheras pas un sourire que je n'y réponde par un rire sardonique et insultant. Tu es ma proie, Andrée; une partie de toi est ma proie; je veille, je veille.

Alors il s'approcha de la lucarne, et vit les persiennes du pavillon s'ouvrir, puis l'ombre d'Andrée glissa sur les rideaux et sur le plafond de la chambre, reflétée sans doute par quelque glace.

Ensuite vint Philippe qui s'était levé plus tôt, mais qui avait travaillé dans sa chambre à lui, située derrière celle d'Andrée.

Gilbert remarqua combien la conversation des deux amis était animée. Assu-

rément on parlait de lui, de la scène de
la veille. Philippe se promenait avec une
sorte de perplexité. Cette arrivée de Gilbert avait peut-être changé quelque chose
aux projets d'installation ; peut-être allait-
on chercher autre part la paix, les ténèbres, l'oubli.

A cette idée, les yeux de Gilbert devinrent des rayons lumineux qui eussent embrasé le pavillon et pénétré jusqu'au centre du monde!

Mais presque aussitôt une fille de service
entra par la porte du jardin; elle venait
avec une recommandation quelconque.

Andrée l'agréa, car elle installa immédiatement son petit paquet de hardes dans la chambre qu'occupait autrefois Nicole; puis divers achats de meubles, d'ustensiles et de provisions, confirmèrent le vigilant Gilbert dans la certitude d'une habitation paisible du frère et de la sœur.

Philippe visita et fit visiter, avec le plus grand soin, les serrures de la porte du jardin. Ce qui prouva surtout à Gilbert qu'on le soupçonnait d'être entré avec une fausse clef donnée peut-être par Nicole, c'est que le serrurier, Philippe présent, changea les gardes de la serrure.

Ce fut la première joie que Gilbert eût encore éprouvée depuis tous ces événements.

Il sourit avec ironie.

— Pauvres gens, murmura-t-il, ils ne sont pas bien dangereux; c'est à la serrure qu'ils s'en prennent, et ils ne me soupçonnent pas même d'avoir eu la force d'escalader!... Pauvre idée qu'ils ont de toi, Gilbert. Tant mieux. Oui, fière Andrée, ajouta-t-il, malgré les serrures de ta porte, si je voulais pénétrer chez toi, je le pourrais... Mais j'ai enfin le bonheur à mon tour; je te dédaigne...; et, à moins que la fantaisie...

Il pirouetta sur ses talons, en singeant les roués de la cour.

— Mais non, reprit-il amèrement..., c'est plus digne de moi; je ne veux plus de vous!... Dormez tranquille; j'ai mieux que votre possession pour vous torturer à mon aise; dormez!

Il quitta la lucarne, et, après avoir donné un coup d'œil à ses habits, il descendit l'escalier pour se rendre chez Balsamo.

V

Au quinze décembre.

Gilbert n'éprouva, de la part de Fritz, aucune difficulté pour être introduit près de Balsamo.

Le comte se reposait sur un sofa,

comme des gens riches et oisifs, de la fatigue d'avoir dormi toute la nuit ; du moins c'est ce que pensa Gilbert en le voyant ainsi étendu à une pareille heure.

Il faut croire que l'ordre avait été donné au valet de chambre d'introduire Gilbert aussitôt qu'il se présenterait, car il n'eut pas besoin de dire son nom ou même d'ouvrir la bouche.

A son entrée dans le salon, Balsamo se souleva légèrement sur son coude et referma son livre, qu'il tenait ouvert sans le lire.

— Oh! oh! dit-il, voici un garçon qui se marie.

Gilbert ne répondit rien.

— C'est bon, fit le comte en reprenant son attitude insolente, tu es heureux et tu es presque reconnaissant. C'est fort beau. Tu viens me remercier; c'est du superflu. Garde cela, Gilbert, pour de nouveaux besoins. Les remercîments sont une monnaie de retour qui satisfait beaucoup de gens lorsqu'elle est distribuée avec un sourire. Va, mon ami, va.

Il y avait dans ces paroles et dans le

ton que Balsamo avait mis à les prononcer, quelque chose de profondément lugubre et de doucereux, qui frappa Gilbert à la fois comme un reproche et comme une révélation.

— Non, dit-il, vous vous trompez, monsieur, je ne me marie pas du tout.

— Oh! fit le comte...; que fais-tu donc alors?... Que t'est-il arrivé?

— Il est arrivé qu'on m'a éconduit, répliqua Gilbert.

Le comte se retourna tout à fait.

— Tu t'y es mal pris, mon cher.

— Mais, non pas, monsieur; je ne crois pas, du moins.

— Qui t'a évincé?

— La demoiselle.

— C'était certain; pourquoi n'as-tu pas parlé au père?

— Parce que la fatalité n'a pas voulu.

— Ah! nous sommes fataliste?

— Je n'ai pas le moyen d'avoir de la foi.

Balsamo fronça le sourcil, et regarda Gilbert avec une sorte de curiosité.

— Ne parle pas ainsi des choses que tu ne connais pas, dit-il; chez les hommes faits, c'est de la bêtise; chez les enfants, c'est de l'outrecuidance. Je te permets d'avoir de l'orgueil, mais non d'être un imbécile; dis-moi que tu n'as pas le moyen d'être un sot, et je t'approuverai. Au résumé, qu'as-tu fait?

— Voici. J'ai voulu, comme les poëtes,

aller songer au lieu d'agir; j'ai voulu m'aller promener dans des allées où j'avais eu du plaisir à rêver d'amour, et tout à coup la réalité s'est présentée à moi sans que je fusse préparé : la réalité m'a tué sur place.

— C'est encore bien fait, Gilbert; car un homme, dans la situation où tu te trouves, ressemble aux éclaireurs d'une armée. Ces gens-là ne doivent marcher que le mousqueton au poing droit et la lanterne sourde au poing gauche.

— Enfin, monsieur, j'ai échoué ; mademoiselle Andrée m'a appelée scélérat, assassin, et m'a dit qu'elle me ferait tuer.

— Bon; mais son enfant?

— Elle m'a dit que son enfant était à elle, non à moi.

— Après?

— Après, je me suis retiré.

— Ah!...

Gilbert releva la tête.

— Qu'eussiez-vous fait, vous? dit-il.

— Je ne sais pas encore ; dis-moi ce que tu veux faire.

— La punir de ce qu'elle m'a fait subir d'humiliations.

— C'est un mot, cela.

— Non, monsieur, c'est une résolution.

— Mais..., tu t'es laissé peut-être arracher ton secret... ton argent ?

— Mon secret est à moi, et je ne le

laisserai prendre à personne; l'argent était à vous, je le rapporte.

— Et Gilbert ouvrit sa veste et en tira les trente billets de caisse qu'il compta minutieusement en les étalant sur la table de Balsamo.

Le comte les prit, les plia, toujours en observant Gilbert, dont le visage ne trahit pas la plus légère émotion.

— Il est honnête, il n'est pas avide... Il a de l'esprit, de la fermeté : c'est un homme, pensa-t-il.

— Maintenant, monsieur le comte, dit

Gilbert, j'ai à vous rendre raison des deux louis que vous m'avez donnés.

— N'exagère rien, répliqua Balsamo; c'est beau de rendre cent mille écus, c'est puéril de rendre quarante-huit livres.

— Je ne voulais pas vous les rendre; je voulais seulement vous dire ce que j'avais fait de ces louis, afin que vous sachiez pertinemment que j'ai besoin d'en avoir d'autres.

— Voilà qui est différent. Tu demandes, alors?

— Je demande...

— Pour quoi ?

— Pour faire une chose de ce que tout à l'heure vous avez nommé un mot.

— Soit. Tu veux te venger ?

— Noblement, je le crois.

— Je n'en doute pas; mais cruellement, est-ce vrai ?

— C'est vrai.

— Combien te faut-il ?

— Il me faut vingt mille livres.

— Et tu ne toucheras pas à cette jeune femme? dit Balsamo, croyant arrêter Gilbert par cette question.

— Je ne la toucherai pas.

— Son frère ?

— Non plus; son père non plus.

— Tu ne la calomnieras pas?

— Je n'ouvrirai jamais la bouche pour prononcer son nom.

— Bien, je te comprends. Mais c'est tout un, de poignarder une femme avec le fer, ou de la tuer par des bravades continuelles... Tu veux la braver en te montrant, en la suivant, en l'accablant de sourires pleins d'insulte et de haine.

— Je veux si peu faire ce que vous dites, que je viens vous demander, au cas où l'envie me prendrait de quitter la France, un moyen de passer la mer sans qu'il m'en coûte.

Balsamo se récria :

— Maître Gilbert, dit-il de sa voix à la

fois aigre et caressante, qui ne contenait cependant ni douleur, ni joie ; maître Gilbert, il me semble que vous n'êtes pas conséquent avec votre étalage de désintéressement. Vous me demandez vingt mille livres, et sur ces vingt mille livres vous n'en pouvez prendre mille pour vous embarquer ?

— Non, monsieur, et cela pour deux raisons.

— Voyons les raisons ?

— La première, c'est que je n'aurai effectivement pas un denier le jour où je m'embarquerai ; car, notez bien ceci, monsieur le comte, ce n'est pas pour moi que je demande ; je demande pour la réparation d'une faute que vous m'avez facilitée...

— Ah ! tu es tenace ! dit Balsamo, la bouche crispée.

— Parce que j'ai raison...; je vous demande de l'argent pour réparer, vous dis-je, et non pour vivre ou pour me consoler ; pas un sou de ces vingt mille livres n'effleurera ma poche ; ils ont leur destination.

— Ton enfant, je vois cela...

— Mon enfant, oui, monsieur, répliqua Gilbert avec un certain orgueil.

— Mais toi ?

— Moi, je suis fort, libre et intelligent; je vivrai toujours; je veux vivre !

— Oh ! tu vivras ! Jamais Dieu n'a donné une volonté de cette force à des âmes qui doivent quitter prématurément la terre. Dieu habille chaudement les plantes qui ont besoin de braver les longs hivers; il donne la cuirasse d'acier aux cœurs qui ont à subir les longues épreuves. Mais tu avais, ce me semble, annoncé deux motifs pour ne pas garder mille livres : la délicatesse d'abord.

— Ensuite la prudence. Le jour où je quitterai la France, force me sera de me cacher... Ce n'est donc pas en allant trouver un capitaine dans un port, en lui remettant de l'argent, car je présume que c'est ainsi qu'on fait; ce n'est pas, dis-je, en m'allant vendre moi-même que je réussirai à me cacher.

— Alors, tu supposes que je puis t'aider à disparaître?

— Je sais que vous le pouvez.

— Qui te l'a dit?

— Oh! vous avez trop de moyens surnaturels à votre disposition pour n'avoir pas aussi l'arsenal tout entier des moyens naturels. Un sorcier n'est jamais si sûr de lui qu'il n'ait quelque bonne porte de salut.

— Gilbert, dit tout à coup Balsamo en étendant la main sur le jeune homme, tu es un esprit aventureux, hardi; tu es pétri de bien et de mal, comme une femme; tu es stoïque et probe sans afféterie; je ferai de toi un homme très-grand; demeure avec moi. Je te crois capable de reconnaissance; demeure ici, te dis-je, cet hôtel est un asile sûr; moi, d'ailleurs, je quitte l'Europe dans quelques mois, je t'emmènerai.

Gilbert écouta.

— Dans quelques mois, dit-il, je ne répondrai pas non; mais aujourd'hui je dois vous dire : merci, monsieur le comte, votre proposition est éblouissante pour un malheureux; toutefois, je la refuse.

— La vengeance d'un moment ne vaut pas un avenir de cinquante années, peut-être.

— Monsieur, ma fantaisie ou mon caprice vaut toujours pour moi plus que tout l'univers, au moment où j'ai cette fantaisie ou ce caprice. D'ailleurs, outre la vengeance, j'ai un devoir à remplir.

— Voici tes vingt mille livres, répliqua Balsamo sans hésitation.

Gilbert prit deux billets de caisse, et, regardant son bienfaiteur :

— Vous obligez comme un roi! dit-il.

— Oh! mieux, j'espère, dit Balsamo;

car je ne demande pas même qu'on me garde un souvenir.

— Bien, mais je suis reconnaissant, comme vous disiez tout à l'heure, et, lorsque ma tâche sera remplie, je vous payerai ces 20,000 livres.

— Comment?

— En me mettant à votre service autant d'années qu'il en faut à un serviteur pour payer vingt mille livres à son maître.

— Tu es encore cette fois illogique, Gil-

bert. Tu me disais, il n'y a qu'un moment :
Je vous demande vingt mille livres, *que
vous me devez.*

— C'est vrai, mais vous m'avez gagné
le cœur.

— J'en suis aise, dit Balsamo, sans aucune expression. Ainsi, tu seras à moi, si
je veux?

— Oui.

— Que sais-tu faire?

— Rien ; mais tout est dans moi.

— C'est vrai.

— Mais je veux avoir dans ma poche un moyen de quitter la France en deux heures, si besoin était.

— Ah ! voilà mon service déserté.

— Je saurai bien vous revenir.

— Et je saurai bien te retrouver. Voyons, terminons là; causer si longuement me fatigue. Avance la table.

— Voici.

Balsamo prit les papiers, et lut à mi-voix les lignes suivantes, sur un des papiers couvert de trois signatures, ou plutôt de trois chiffres étranges :

« Le 15 décembre, au Havre, pour Boston, P. J. l'Adonis. »

— Que penses-tu de l'Amérique, Gilbert ?

— Que ce n'est pas la France, et qu'il me sera fort doux d'aller par mer, à un moment donné, dans un pays quelconque qui ne sera pas la France.

— Bien!... Vers le quinze décembre ; n'est-ce pas ce moment donné dont tu parles?

Gilbert compta sur ses doigts en réfléchissant.

— Précisément, dit-il.

Balsamo prit une plume et se contenta d'écrire sur une feuille blanche ces deux lignes :

« Recevez sur l'*Adonis* un passager.

« JOSEPH BALSAMO. »

— Mais ce papier est dangereux, dit Gilbert en le regardant, et moi, qui cherche un gîte, je pourrai bien trouver la Bastille.

— A force d'avoir de l'esprit, on ressemble à un sot, dit le comte. L'*Adonis*, mon cher monsieur Gilbert, est un navire marchand dont je suis le principal armateur.

— Pardonnez-moi, monsieur le comte, dit Gilbert en s'inclinant; je suis, en effet, un misérable à qui la tête tourne quelquefois, mais jamais deux fois de suite; pardonnez-moi donc, et croyez à toute ma reconnaissance.

— Allez, mon ami.

— Adieu, monsieur le comte.

— Au revoir, dit Balsamo en lui tournant le dos.

VI

Dernière audience.

En novembre, c'est-à-dire plusieurs mois après les événements que nous avons racontés, Philippe de Taverney sortit de grand matin pour la saison, c'est-à-dire au petit jour, de la maison qu'il habitait avec sa sœur. Déjà s'étaient éveillées, sous les lanternes encore allumées, toutes les petites industries parisiennes : les petits gâteaux fumants que le pauvre marchand de la campagne dévore comme un régal à l'air vif du matin, les hottes chargées de légumes, les charrettes pleines de poissons et d'huîtres qui courent à la halle, et dans ce mouvement de la foule laborieuse, une sorte de réserve imposée aux travailleurs par le respect du sommeil des riches.

Philippe se hâta de traverser le quartier populeux et embarrassé qu'il habitait, pour gagner les Champs-Élysées absolument déserts.

Les feuilles tournoyaient rouillées à la cime des arbres; la plus grande partie jonchait déjà les allées battues du Cours-la-Reine, et les jeux de boule, abandonnés à cette heure, étaient cachés sous un épais tapis de ces feuilles frissonnantes.

Le jeune homme était vêtu, comme les bourgeois les plus aisés de Paris, d'un habit à larges basques, d'une culotte et de bas de soie; il portait l'épée; sa coiffure, très-soignée, annonçait qu'il avait dû se livrer bien longtemps avant le jour aux mains du perruquier, ressource suprême de toute la beauté de cette époque.

Aussi, quand Philippe s'aperçut que le vent du matin commençait à déranger sa coiffure et à disperser la poudre, promena-t-il un regard plein de déplaisir sur l'avenue des Champs-Élysées, pour voir si quelqu'une des voitures de louage affectées au service de cette route ne se serait pas déjà mise en chemin.

Il n'attendit pas longtemps; un carrosse usé, fané, brisé, tiré par une maigre jument isabelle, commençait à cahoter la route; son cocher, à l'œil vigilant et morne, cherchait au loin un voyageur dans les arbres, comme Énée un de ses vaisseaux dans les vagues de la mer Thyrénienne.

En apercevant Philippe, l'automédon fit sentir plus énergiquement le fouet à sa jument; si bien que le carrosse rejoignit le voyageur.

— Arrangez-vous de façon, dit Philippe, qu'à neuf heures précises je sois à Versailles, et vous aurez un demi-écu.

A neuf heures, en effet, Philippe avait de la Dauphine une de ces audiences matinales comme elle commençait à en donner. Vigilante et s'affranchissant de toute loi d'étiquette, la princesse avait l'habitude de visiter le matin les travaux qu'elle faisait exécuter dans Trianon; et trouvant sur son passage les solliciteurs à qui elle avait accordé un entretien, elle terminait rapidement avec eux, avec une présence d'esprit et une affabilité qui n'excluaient point la dignité, parfois même la hauteur, quand elle s'apercevait qu'on se méprenait à ses délicatesses.

Philippe avait d'abord résolu de faire la route à pied, car il en était réduit aux plus dures économies; mais le sentiment de l'amour-propre, ou peut-être seulement celui d'un respect que tout militaire ne perd jamais pour sa tenue, vis-à-vis du supérieur, avait forcé le jeune homme à dépenser une journée d'économies pour se rendre en habit décent à Versailles.

Philippe comptait bien revenir à pied. Sur le même degré de l'échelle, partis de deux points opposés, le patricien Philippe et le plébéien Gilbert s'étaient, comme on voit, rencontrés.

Philippe revit, avec le cœur serré, tout ce Versailles encore magique, où tant de rêves dorés et roses l'avaient enchanté de leurs promesses. Il revit, avec le cœur brisé, Trianon, souvenir de malheur et de honte; à neuf heures précises il longeait, muni de sa lettre d'audience, le petit parterre aux abords du pavillon.

Il aperçut, à une distance de cent pas environ, la princesse causant avec son architecte, enveloppée de fourrures de martre, bien qu'il ne fît pas un temps froid ; la jeune Dauphine, avec un petit chapeau comme les dames de Watteau, se détachait sur les haies d'arbres verts. Quelquefois, le son de sa voix argentine et vibrante arrivait jusqu'à Philippe, et remuait en lui des sentiments qui, d'ordinaire, effacent tout ce qui est chagrin dans un cœur blessé.

Plusieurs personnes, favorisées comme Philippe d'audiences, se présentèrent l'une après l'autre à la porte du pavillon, dans l'antichambre duquel un huissier les venait chercher à tour de rôle. Placées sur le passage de la princesse chaque fois qu'elle revenait en sens inverse, avec Mique, ces personnes recevaient un mot de Marie-Antoinette, ou même la faveur spéciale d'un échange de quelques paroles dites en particulier.

Puis la princesse attendait une autre visite qui se présentât.

Philippe demeurait le dernier. Il avait vu déjà les yeux de la Dauphine se tourner vers lui, comme si elle eût cherché à le reconnaître ; alors il rougissait et tâchait de prendre, à sa place, l'attitude la plus modeste et la plus patiente.

L'huissier vint enfin lui demander s'il ne se présentait pas aussi, attendu que madame la Dauphine n'allait pas tarder à rentrer, et qu'une fois rentrée elle ne recevait plus personne.

Philippe s'avança donc. La Dauphine ne le perdit pas du regard pendant tout le temps qu'il mit à franchir cette distance de cent pas, et lui choisit le moment le plus favorable pour bien placer son salut respectueux.

La Dauphine se tournant vers l'huissier:

— Le nom de cette personne qui salue ? dit-elle.

L'huissier lut sur le billet d'audience :

— M. Philippe de Taverney, madame, répliqua-t-il.

— C'est vrai, dit la princesse... Et elle attacha sur le jeune homme un plus long, un plus curieux regard.

Philippe attendait à demi courbé.

— Bonjour, monsieur de Taverney, dit Marie-Antoinette. Comment se porte mademoiselle Andrée ?

— Assez mal, madame, répliqua le jeune homme; mais ma sœur serait bien heureuse de ce témoignage d'intérêt que daigne lui donner Votre Altesse Royale.

La Dauphine ne répondit pas; elle avait lu bien des souffrances sur les traits amaigris et pâles de Philippe; elle reconnaissait bien difficilement sous l'habit modeste du citadin, ce bel officier qui, le premier, lui avait servi de guide sur la terre de France.

— Monsieur Mique, dit-elle en se rapprochant de l'architecte, nous sommes donc convenus de l'ornement de la salle de danse; la plantation du bois voisin est déjà décidée. Pardonnez-moi de vous avoir tenu au froid si longtemps.

C'était le congé. Mique salua et partit.

La Dauphine salua aussitôt toutes les personnes qui attendaient à quelque distance, et ces personnes se retirèrent immédiatement. Philippe crut que ce salut l'allait atteindre comme les autres, et déjà son cœur souffrait, lorsque la princesse, passant devant lui :

— Vous disiez donc, monsieur, continua-t-elle, que votre sœur est malade?

— Sinon malade, madame, se hâta de

répondre Philippe, du moins languissante.

— Languissante ! s'écria la Dauphine avec intérêt ; une si belle santé !

Philippe s'inclina. La jeune princesse lui lança encore un de ces regards investigateurs que, chez un homme de sa race, on eût appelé un regard de l'aigle. Puis, après une pause :

— Permettez que je marche un peu, dit-elle, le vent est froid.

Elle fit quelques pas ; Philippe était resté en place.

— Quoi! vous ne me suivez pas? dit Marie-Antoinette en se retournant.

Philippe, en deux bonds, fut près d'elle.

— Pourquoi donc ne m'avez-vous pas prévenue plus tôt de cet état de mademoiselle Andrée, à qui je m'intéresse?

— Hélas! dit Philippe, Votre Altesse vient de dire le mot... Votre Altesse s'intéressait à ma sœur... mais, maintenant...

— Je m'intéresse encore, sans doute, monsieur... Cependant, il me semble que mademoiselle de Taverney a quitté mon service bien prématurément.

— La nécessité, madame, dit tout bas Philippe.

— Quoi! ce mot est affreux : la nécessité!... Expliquez-moi ce mot, monsieur.

Philippe ne répondit pas.

— Le docteur Louis, continua la Dauphine, m'a raconté que l'air de Versailles était funeste à la santé de mademoiselle de Taverney; que cette santé se rétablirait dans le séjour de la maison paternelle...

Voilà tout ce qu'on m'a dit; or, votre sœur m'a rendu une seule visite avant son départ. Elle était pâle, elle était triste; je dois dire qu'elle me témoigna beaucoup de dévouement dans cette dernière entrevue, car elle pleura des larmes abondantes!

— Des larmes sincères, madame, dit Philippe dont le cœur battait violemment, des larmes qui ne sont pas taries.

— J'ai cru voir, poursuivit la princesse, que monsieur votre père avait forcé sa fille à venir à la cour, et que sans doute cette enfant regrettait votre pays, quelque affection...

Madame, se hâta de dire Philippe, ma sœur me regrette que Votre Altesse.

— Et elle souffre... Maladie étrange, que l'air du pays devait guérir, et que l'air du pays aggrave.

— Je n'abuserai pas Votre Altesse plus longtemps, dit Philippe; la maladie de ma sœur est un profond chagrin qui l'a conduite à un état voisin du désespoir. Mademoiselle de Taverney n'aime cependant au monde que Votre Altesse et moi, mais elle commence à préférer Dieu à toutes les affections, et l'audience que j'ai eu l'honneur de solliciter, madame, a pour but de vous demander votre protection relativement à ce désir de ma sœur.

La Dauphine leva la tête.

— Elle veut entrer en religion, n'est-ce pas?

— Oui, madame.

— Et vous souffrirez cela, vous qui aimez cette enfant ?

— Je crois juger sainement sa position, madame, et ce conseil est venu de moi. Cependant, j'aime assez ma sœur pour que ce conseil ne soit pas suspect, et le monde ne l'attribuera point à mon avarice. Je n'ai rien à gagner à la claustration d'Andrée : nous ne possédons rien ni l'un ni l'autre.

La Dauphine s'arrêta, et, jetant à la dérobée un nouveau regard sur Philippe :

— Voilà ce que je disais tout à l'heure quand vous n'avez pas voulu me comprendre, monsieur; vous n'êtes pas riche?

— Votre Altesse...

— Pas de fausse honte, monsieur; il

s'agit du bonheur de cette pauvre fille...;
répondez-moi sincèrement, comme un
honnête homme... que vous êtes, j'en suis
certaine.

L'œil brillant et loyal de Philippe rencontra celui de la princesse, et ne se baissa point.

— Je répondrai, madame, dit-il.

— Eh bien, est-ce par nécessité que votre sœur veut quitter le monde? Qu'elle parle! Bon Dieu! les princes sont malheureux! Dieu leur a donné un cœur pour plaindre les infortunes, mais il leur a refusé cette clairvoyance suprême qui devine le malheur sous les voiles de la discrétion. Répondez donc franchement : est-ce cela?

— Non, madame, dit Philippe avec fermeté ; non, ce n'est pas cela ; pourtant, ma sœur désire entrer au couvent de Saint-Denis, et nous ne possédons que le tiers de la dot.

— La dot est de soixante mille livres ! s'écria la princesse ; vous n'avez donc que vingt mille livres?

— A peine, madame ; mais nous savons

que Votre Altesse peut d'un mot, et sans bourse délier, faire admettre une pensionnaire.

— Certes, je le puis.

— Voilà donc l'unique faveur que j'oserai solliciter de Votre Altesse, si déjà elle n'a promis son intercession à quelqu'un auprès de Madame Louise de France.

— Colonel, vous me surprenez étrangement, dit Marie-Antoinette; quoi! si près de moi, j'ai tant de noble misère! Eh!

colonel, c'est mal de m'avoir ainsi trompée.

— Je ne suis pas colonel, madame, répliqua doucement Philippe, je ne suis rien qu'un dévoué serviteur de Votre Altesse.

— Pas colonel, dites-vous? et depuis quand?

— Je ne l'ai jamais été, madame.

— Le roi a promis en ma présence un régiment...

— Dont le brevet n'a jamais été expédié.

— Mais vous aviez un grade...

— Que j'ai abandonné, madame, étant tombé dans la disgrâce du roi.

— Pourquoi?

— Je l'ignore.

— Oh! fit la Dauphine avec une profonde tristesse, oh! la cour!

Alors Philippe sourit avec mélancolie.

— Vous êtes un ange du ciel, madame, dit-il, et je regrette bien de ne pas servir la maison de France, afin d'avoir l'occasion de mourir pour vous.

Un éclair si vif et si ardent passa dans les yeux de la Dauphine, que Philippe cacha son visage dans ses deux mains. La princesse n'essaya pas même de le consoler ou de l'arracher à la pensée qui le dominait en ce moment.

Muette et respirant avec effort, elle effeuillait quelques roses du Bengale arrachées à leur tige par sa main nerveuse et inquiète.

Philippe revint à lui.

— Veuillez me pardonner, dit-il, madame.

Marie-Antoinette ne répondit pas à ces paroles.

— Votre sœur entrera dès demain, si elle veut, à Saint-Denis, dit-elle avec la vivacité de la fièvre, et vous, dans un mois, vous serez à la tête d'un régiment; je le veux!

— Madame, répliqua Philippe, voulez-vous avoir encore cette bonté de m'entendre en mes dernières explications? Ma sœur accepte le bienfait de Votre Altesse Royale; moi, je dois le refuser.

— Vous refusez?

— Oui, madame, j'ai reçu un affront de la cour... Les ennemis qui me l'ont fait infliger trouveraient moyen de me frapper plus fort, me voyant plus élevé.

— Quoi! même avec ma protection?

— Surtout avec votre gracieuse protection, madame, dit Philippe résolûment.

— C'est vrai! murmura la princesse en pâlissant.

— Et puis, madame; non..., j'oubliais, j'oubliais, en vous parlant, qu'il n'y a plus de bonheur sur la terre...; j'oubliais que, rentré dans l'ombre, je n'en dois plus sortir : dans l'ombre, un homme de cœur prie et se souvient!

Philippe prononça ces mots avec un accent qui fit tressaillir la princesse.

— Un jour viendra, dit-elle, où j'aurai le droit de dire ce que je ne puis que penser en ce moment. Monsieur, votre sœur peut, dès qu'il lui plaira, entrer à Saint-Denis.

— Merci, madame, merci.

— Quant à vous..., je veux que vous m'adressiez une demande.

— Mais, madame.

— Je le veux!

Philippe vit s'abaisser vers lui la main gantée de la princesse; cette main demeurait suspendue comme dans l'attente; peut-être n'exprimait-elle que la volonté.

Le jeune homme s'agenouilla, prit cette

main, et, lentement, avec un cœur gonflé, palpitant, il y posa ses lèvres.

— Cette demande! voyons, dit la Dauphine si émue qu'elle ne retira pas sa main.

Philippe courba la tête. Un flot d'amères pensées l'engloutit comme le naufragé dans une tempête... Il demeura quelques secondes muet et immobile, puis, se relevant décoloré et les yeux éteints :

— Un passeport pour quitter la France, dit-il, le jour où ma sœur entrera dans le couvent de Saint-Denis.

La Dauphine se recula comme épouvantée; puis voyant toute cette douleur que sans doute elle comprit, que peut-être elle partageait, elle ne trouva rien à répondre que ces mots à peine intelligibles :

— C'est bien.

Et elle disparut dans une allée de cyprès, les seuls qui eussent conservé intactes leurs feuilles éternelles, parure des tombeaux.

VII

L'enfant sans père.

Le jour de douleur, le jour de honte approchait. Andrée, malgré les visites de plus en plus fréquentes du bon docteur Louis, malgré les soins affectueux et les consolations de Philippe, s'assombrissait.

d'heure en heure, comme les condamnés que leur dernière heure menace.

Ce frère malheureux trouvait quelquefois Andrée rêveuse et frémissante...; ses yeux étaient secs...; pendant des journées entières, elle ne laissait échapper aucune parole; puis, tout à coup, se levant, elle faisait deux ou trois tours précipités dans sa chambre, essayant, comme Didon, de s'élancer hors d'elle-même, c'est-à-dire hors de la douleur qui la tuait.

Un soir enfin, la voyant plus pâle, plus inquiète, plus nerveuse que de coutume, Philippe envoya chercher le docteur, pour qu'il arriva dans la nuit même.

C'était le 29 novembre. Philippe avait eu l'art de prolonger fort tard la veillée d'Andrée; il avait abordé avec elle les sujets de conversation les plus tristes, les plus intimes, ceux mêmes que la jeune fille redoutait, comme le blessé redoute les approches d'une main brutale et lourde pour sa blessure.

Il était assis auprès du feu ; la servante, en allant à Versailles chercher le docteur, avait oublié de fermer les persiennes, en sorte que le reflet de la lampe, celui du feu même, éclairait doucement le tapis de neige jeté sur le sable du jardin par les premiers froids de l'hiver.

Philippe laissa venir le moment où l'esprit d'Andrée commençait à se tranquilliser, puis, sans préambule :

— Chère sœur, dit-il, avez-vous enfin pris votre résolution ?

— A quel sujet, répondit Andrée avec un douloureux soupir.

— Au sujet... de votre enfant, ma sœur.

Andrée tressaillit.

— Le moment approche, continua Philippe.

— Mon Dien !

— Et je ne serais pas surpris que demain...

— Demain !

— Aujourd'hui même, chère sœur.

Andrée devint si pâle, que Philippe, effrayé, lui prit et lui baisa la main.

Andrée se remit aussitôt.

— Mon frère, dit-elle, je n'aurai pas

avec vous de ces hypocrisies qui désho norent les âmes vulgaires. Le préjugé du bien est chez moi confondu avec le préjugé du mal. Ce qui est mal, je ne le connais plus depuis que je me défie de ce qui est le bien. Ainsi, ne me jugez pas plus rigoureusement qu'on ne juge une folle, à moins que vous ne préfériez prendre au sérieux la philosophie que je vais vous esquisser, et qui, je vous jure, est l'expression parfaite, unique de mes sentiments, comme le résumé de mes sensations.

— Quoi que vous disiez, Andrée, quoi que vous fassiez, vous serez toujours pour moi la plus chérie, la plus respectée des femmes.

— Merci, mon seul ami. J'ose dire que je ne suis pas indigne de ce que vous me promettez. Je suis mère, Philippe ; mais Dieu a voulu, je le crois du moins ajouta-t-elle en rougissant, que la maternité fût, chez la créature, un état analogue à celui de la fructification chez la plante. Le fruit ne vient qu'après la fleur. Pendant la floraison, la plante s'est préparée, transformée ; car la floraison, à mon sens, c'est l'amour.

— Vous avez raison, Andrée.

— Moi! reprit vivement la jeune fille... Moi, je n'ai connu ni préparation, ni transformation; moi, je suis une anomalie; moi, je n'ai pas aimé, je n'ai pas désiré; moi, j'ai l'esprit et le cœur aussi vierges que le corps... Et cependant!... triste prodige... ce que je n'ai pas désiré, ce que je n'ai pas rêvé même, Dieu me l'envoie... Lui qui n'a jamais donné de fruits à l'arbre créé pour être stérile... Où sont chez moi les aptitudes, les instincts, où sont les ressources même... La mère qui souffre les douleurs de l'enfantement connaît et apprécie son sort; moi je ne sais rien, moi je tremble de penser, moi je vais à ce dernier jour comme si j'allais à l'échafaud... Philippe, je suis maudite !...

— Andrée, ma sœur !

— Philippe, reprit-elle avec une véhémence inexprimable, ne sens-je pas bien que je hais cet enfant... Oh ! oui, je le hais, je me rappellerai toute ma vie, si je vis, Philippe, le jour où pour la première fois s'éveilla dans mon flanc cet ennemi mortel que je porte ; je frissonne encore quand je me souviens que ce tressaillement, si doux aux mères, de cette créature innocente alluma dans mon sang une fièvre de colère, et fit monter le blasphème à mes lèvres, jusque-là si pures. Philippe, je suis une mauvaise mère! Philippe, je suis maudite!

— Au nom du ciel, bonne Andrée, calme-toi...; n'égares pas ton cœur avec ton esprit. Cet enfant, c'est ta vie et le sang de tes entrailles; cet enfant, je l'aime, car il vient de toi.

— Tu l'aimes! s'écria-t-elle furieuse et livide... tu oses me dire à moi que tu aimes mon déshonneur et le tien; tu oses me déclarer que tu aimes ce souvenir d'un crime, cette représentation du lâche criminel!... Eh bien! Philippe, je te l'ai dit, je ne suis pas lâche, moi, je ne suis pas fausse; je hais l'enfant parce qu'il n'est pas mon enfant et que je ne l'ai pas appelé! Je l'exècre parce qu'il ressemblera peut-être à son père... Son père!... Oh! je mourrai un jour en prononçant cet horrible mot! Mon Dieu! dit-elle en se jetant à genoux sur le parquet... je ne peux tuer cet enfant à sa naissance, c'est vous qui l'avez animé... Je n'ai pu me tuer moi-même tant que je le portais, car vous avez proscrit le suicide aussi bien que le meurtre; mais je vous en prie, je vous en supplie, je vous en conjure, si vous êtes juste, mon Dieu, si vous avez souci des misères de ce monde, et si vous n'avez pas décrété que je mourrais de désespoir après avoir vécu d'opprobre et de larmes, mon Dieu! reprenez cet enfant, mon Dieu! tuez cet enfant! mon Dieu! délivrez-moi! vengez-moi!

Effrayante de colère et sublime d'action, elle frappait son front sur le chambranle de marbre, malgré les efforts de Philippe qui l'étreignait dans ses bras.

Soudain la porte s'ouvrit; la servante rentra conduisant le docteur, qui, du premier regard, devina toute la scène.

— Madame, dit-il, avec ce calme du

médecin qui impose toujours, aux uns la contrainte, aux autres la soumission; madame, ne vous exagérez pas les douleurs de ce travail, qui ne peut tarder... Vous, dit-il à la servante, préparez tout ce que je vous ai dit en route.

— Vous, dit-il à Philippe, soyez plus raisonnable que madame, et au lieu de partager ses craintes ou ses faiblesses, joignez vos exhortations aux miennes.

Andrée se releva presque honteuse... Philippe l'assit sur un fauteuil.

On vit alors la malade rougir et se renverser avec une contraction douloureuse; ses mains crispées s'accrochèrent aux franges du fauteuil, et la première plainte s'exhala de ses lèvres violacées.

— Cette douleur, cette chute, cette colère ont avancé la crise, dit le docteur. Retirez-vous dans votre chambre, monsieur de Taverney, et... du courage.

Philippe, le cœur gonflé, se précipita vers Andrée, qui avait entendu, qui palpitait, et qui, se soulevant malgré la douleur, suspendit ses deux bras au cou de son frère.

Elle l'étreignit énergiquement, colla ses lèvres sur la joue froide du jeune homme, et lui dit tout bas :

— Adieu!... adieu!... adieu!...

— Docteur! docteur! s'écria Philippe au désespoir, entendez-vous?

Louis sépara les deux infortunés avec une douce violence, replaça Andrée sur le fauteuil, conduisit Philippe dans la chambre, dont il tira les verroux qui gardaient la chambre d'Andrée, puis, fermant les rideaux, les portes, il ensevelit ainsi en la concentrant dans cette seule chambre toute la scène qui allait se passer du médecin à la femme, de Dieu à tous les deux.

A trois heures du matin, le docteur ouvrit la porte derrière laquelle pleurait et suppliait Philippe.

— Votre sœur a donné le jour à un fils, dit-il.

Philippe joignit les mains.

— N'entrez pas, dit le médecin, elle dort.

— Elle dort... oh! docteur, est-ce bien vrai, qu'elle dort?

— S'il en était autrement, monsieur, je vous dirais : Votre sœur a donné le jour à un fils, mais ce fils a perdu sa mère... Voyez, d'ailleurs.

Philippe avança la tête.

— Ecoutez sa respiration...

— Oui! oh! oui, murmura Philippe en embrassant le médecin.

— Maintenant, vous savez que nous

avons retenu une nourrice. J'avais, en passant au Point-du-Jour, où demeure cette femme, prévenu pour qu'elle se tînt prête.. Mais c'est vous seul qui pouvez l'amener ici ; c'est vous seul qu'il faut qu'on voie... Profitez donc du sommeil de la malade, et partez avec la voiture qui m'a amené.

— Mais vous, docteur, vous ?...

— Moi, j'ai Place-Royale un malade à peu près désespéré..., une pleurésie... Je veux achever la nuit près de son lit, afin de surveiller l'emploi des remèdes et leur résultat.

— Le froid, docteur...

— J'ai mon manteau.

— La ville est peu sûre.

— Vingt fois, depuis vingt ans, on m'a arrêté la nuit. J'ai toujours répondu : Mon ami, je suis médecin, et je me rends chez un malade... Voulez-vous mon manteau? prenez-le; mais ne me tuez pas, car sans moi mon malade mourrait. Et, remarquez-le bien, monsieur, ce manteau a vingt ans de service. Les voleurs me l'ont toujours laissé.

— Bon docteur !... Demain, n'est-ce pas ?

— Demain, à huit heures, je serai ici. Adieu.

— Le docteur prescrivit à la servante quelques soins et beaucoup d'assiduité près de la malade. Il voulait que l'enfant fût placé près de la mère. Philippe le supplia de l'éloigner, se rappelant encore les dernières manifestations de sa sœur.

Louis installa donc lui-même cet enfant dans la chambre de la servante, puis s'esquiva par la rue Montorgueil, tandis que le fiacre emmenait Philippe du côté du Roule.

La servante s'endormit dans le fauteuil, près de sa maîtresse.

VIII

L'enlèvement.

Dans les intervalles de ce sommeil réparateur qui suit les grandes fatigues, l'esprit semble avoir conquis une double puissance : la faculté d'apprécier le bien-être de la situation, et la faculté de veiller sur le corps, dont la prostration est semblable à la mort.

Andrée, revenue au sentiment de la vie, ouvrit les yeux et vit à ses côtés la servante qui dormait. Elle entendit le pétillement joyeux de l'âtre, et admira ce silence ouaté de la chambre où tout reposait comme elle...

Cette intelligence n'était pas toute la veille; ce n'était pas non plus tout le sommeil. Andrée prenait plaisir à prolonger cet état d'indécision, de molle somnolence; elle laissait les idées renaître l'une après l'autre dans son cerveau fatigué, comme si elle eût craint l'invasion subite de sa raison tout entière.

Soudain un vagissement lointain, faible, perceptible à peine, arriva jusqu'à son oreille à travers l'épaisseur de la cloison.

Ce bruit rendit à Andrée les tressaillements qui l'avaient tant fait souffrir. Il lui rendit ce mouvement haineux qui depuis quelques mois troublait son innocence et sa bonté, comme le choc trouble un breuvage dans les vases où sommeille la lie.

De ce moment, il n'y eut plus pour Andrée de sommeil ni de repos, elle se souvenait, elle haïssait.

Mais la force des sensations est d'ordinaire en raison des forces corporelles. Andrée ne trouva plus cette vigueur qu'elle avait manifestée dans sa scène du soir avec Phillippe.

Le cri de l'enfant lui frappa le cerveau comme une douleur d'abord, puis comme une gêne... Elle en vint à se demander si Philippe en éloignant cet enfant avec sa délicatesse accoutumée, n'avait pas été l'exécuteur d'une volonté un peu cruelle.

La pensée du mal qu'on souhaite à une créature ne répugne jamais autant que le spectacle de ce mal. Andrée qui exécrait cet enfant invisible, cette idéalité, Andrée, qui désirait sa mort, fut blessée d'entendre crier le malheureux.

— Il souffre, pensa-t-elle, et aussitôt elle se répondit : — Pourquoi m'intéresserais-je à ses souffrances... moi... la plus infortunée des créatures vivantes ?

L'enfant poussa un nouveau cri plus articulé, plus douloureux. Alors Andrée s'aperçut que cette voix semblait éveiller en elle une voix inquiète, et elle sentit son cœur tiré comme par un lien invisible vers l'être abandonné qui gémissait.

Ce qu'avait pressenti la jeune fille se réalisait. La nature avait accompli l'une de ses préparations : la douleur physique, cette puissante attache venait de sonder le cœur de la mère au moindre mouvement de son enfant. Il ne faut pas, pensa Andrée, que ce pauvre orphelin crie en ce moment, crie vengeance contre moi vers le ciel. Dieu a mis dans ces petites créatures, à peine écloses, la plus éloquente des voix!... On peut les tuer, c'est-à-dire les exempter de la souffrance, on n'a pas le droit de leur infliger une torture... Si l'on en avait le droit, Dieu ne leur aurait pas permis de se plaindre ainsi.

Andrée souleva la tête et voulut appeler sa servante; mais sa faible voix ne put réveiller la robuste paysanne : déjà l'enfant ne gémissait plus.

— Sans doute, pensa Andrée, la nourrice est arrivée, car j'entends le bruit de la première porte... oui, l'on marche dans la chambre voisine... et la petite créature ne se plaint plus...; une protection étrangère s'étend déjà sur elle, et rassure son informe intelligence. Oh ! celle-là est donc la mère, qui prend soin de l'enfant... Pour quelques écus... l'enfant sorti de mes entrailles trouvera une mère; et plus tard, passant près de moi, qui ai tant souffert, près de moi dont la vie lui causa la vie, cet enfant ne me regardera pas, et dira : Ma mère! à une mercenaire plus généreuse en son amour intéressé, que moi dans mon juste ressentiment.

Cela ne sera pas... J'ai souffert, j'ai acheté le droit de regarder cette créature en face...; j'ai le droit de la forcer à m'aimer pour mes soins, à me respecter pour mon sacrifice et mes douleurs!

Elle fit un mouvement plus prononcé, rassembla ses forces et appela :

— Marguerite! Marguerite!

La servante s'éveilla lourdement et sans bouger de son fauteuil, où la clouait un engourdissement presque léthargique.

— M'entendez-vous? dit Andrée.

— Oui, madame, oui! dit Marguerite, qui venait de comprendre.

Et elle s'approcha du lit.

— Madame veut boire?

— Non...

— Madame veut savoir l'heure peut-être?

— Non... Non.

Et ses yeux ne quittaient point la porte de la chambre voisine.

— Ah! je comprends... Madame veut savoir si M. son frère est revenu?

On voyait Andrée lutter contre son désir avec toute la faiblesse d'une âme orgueilleuse, avec toute l'énergie d'un cœur chaud et généreux.

— Je veux, articula-t-elle enfin... je veux... Ouvrez donc cette porte, Marguerite.

— Oui, madame... Ah ! comme il fait froid par-là !... Le vent, madame !... quel vent !..,

Le vent s'engouffra en effet dans la chambre même d'Andrée et secoua la flamme des bougies et de la veilleuse.

— C'est la nourrice qui aura laissé une porte ou une fenêtre ouverte. Voyez, Marguerite, voyez... Cet... enfant doit avoir froid...

Marguerite se dirigea vers la chambre voisine.

— Je vais le couvrir, madame, dit-elle.

— Non... non ! murmura Andrée d'une voix brève et saccadée; apportez-le moi.

Marguerite s'arrêta au milieu de la chambre.

—Madame, dit-elle doucement, M. Philippe avait bien recommandé qu'on laissât l'enfant là bas..., de peur, sans doute, d'incommoder madame ou de lui causer une émotion.

— Apportez-moi mon enfant! s'écria la jeune mère avec une explosion qui dut briser son cœur; car de ses yeux, restés secs au milieu même des souffrances, jaillirent deux larmes auxquelles durent sourire dans le ciel les bons anges protecteurs des petits enfants.

Marguerite s'élança dans la chambre. Andrée, sur son séant, cachait son visage dans ses mains.

La servante rentra aussitôt, la stupéfaction sur le visage.

— Eh bien? dit Andrée.

— Eh bien!... madame... il est donc venu quelqu'un?

— Comment, quelqu'un?... qui?

— Madame, l'enfant n'est plus là?

— J'ai entendu, en effet, du bruit tout à l'heure, dit Andrée, des pas... La nourrice sera venue pendant que vous dormiez..., elle n'aura pas voulu vous réveiller... Mais mon frère, où est-il? Voyez dans sa chambre.

Marguerite courut à la chambre de Philippe. Personne !

— C'est étrange, dit Andrée avec un battement de cœur, mon frère serait-il déjà ressorti sans me voir...

— Ah ! madame, s'écria tout-à-coup la servante.

— Qu'y a-t-il ?

— La porte de la rue vient de s'ouvrir !

— Voyez ! voyez !

— C'est M. Philippe qui revient... Entrez, monsieur, entrez !

Philippe arrivait en effet. Derrière lui, une paysanne, enveloppée d'une grossière mante de laine rayée, faisait à la maison ce sourire bienveillant dont le mercenaire salue tout nouveau patronage.

— Ma sœur, ma sœur, me voici, dit-il en pénétrant dans la chambre.

— Bon frère!... que de peines, que de chagrins je te cause! Ah! voici la nourrice... Je craignais tant qu'elle ne fût partie...

— Partie?... elle arrive.

— Elle revient, veux-tu dire. Non... je l'ai bien entendue tout à l'heure, si doucement qu'elle marchât...

— Je ne sais ce que tu veux dire, ma sœur; personne...

— Oh ! je te remercie, Philippe, dit Andrée, en l'attirant près d'elle, et en accentuant chacune de ses paroles ; je te remercie d'avoir si bien auguré de moi que tu n'aies pas voulu emporter cet enfant sans que je l'eusse vu,... embrassé !... Philippe, tu connaissais bien mon cœur... Oui, oui, sois tranquille, j'aimerai mon enfant.

Philippe saisit et couvrit de baisers la main d'Andrée.

— Dis à la nourrice de me le rendre... ajouta la jeune mère.

— Mais, monsieur, dit la servante, vous savez bien que cet enfant n'est plus là.

— Quoi! que dites-vous? répliqua Philippe.

Andrée regarda son frère avec des yeux effarés.

Le jeune homme courut vers le lit de

la servante; il chercha, et ne trouvant rien, poussa un cri terrible.

Andrée suivait ses mouvements dans la glace; elle le vit revenir pâle, les bras inertes, elle comprit une partie de la vérité, et répondit comme un écho, par un soupir, au cri de son frère, elle se laissa tomber sans connaissance sur l'oreiller. Philippe ne s'attendait ni à ce malheur nouveau, ni à cette douleur immense. Il rassembla toute son énergie, et à force de caresses, de consolations, de larmes, il rappela Andrée à la vie.

— Mon enfant! murmurait Andrée, mon enfant!

— Sauvons la mère, se dit Philippe. Ma sœur, ma bonne sœur, nous sommes tous fous, à ce qu'il paraît; nous oublions que ce bon docteur a emporté l'enfant avec lui.

— Le docteur! cria Andrée avec la souffrance du doute, avec la joie de l'espoir.

— Mais, oui; mais, oui... Ah! mais on perd la tête ici...

— Philippe! tu me jures?...

— Chère sœur, tu n'es pas plus raisonnable que moi... Comment veux-tu que cet enfant... ait pu disparaître?

Et il affecta un rire qui gagna nourrice et servante.

Andrée se ranima.

— Cependant, j'ai entendu... dit-elle.

— Quoi ?

— Des pas...

Philippe frissonna.

— Impossible, tu dormais.

— Non! non! j'étais bien éveillée; j'ai entendu!... j'ai entendu!...

— Eh bien! tu as entendu ce bon docteur qui, revenu derrière moi parce qu'il craignait pour la santé de cet enfant, sera venu l'emporter... Il m'en avait parlé, d'ailleurs.

— Tu me rassures.

— Comment ne te rassurerais-je pas... C'est si simple.

— Mais alors, moi, objecta la nourrice, moi, que fais-je ici?

— C'est juste... le docteur vous attend chez vous.

— Oh!

— Chez lui, alors. Voilà... cette Marguerite dormait si fort qu'elle n'aura rien entendu de ce que le docteur disait... ou que le docteur n'aura rien voulu lui dire.

Andrée retomba plus calme après cette terrible secousse.

Philippe congédia la nourrice et consigna la servante.

Puis, prenant une lampe, il examina soigneusement la porte voisine, trouva une porte du jardin ouverte, vit des empreintes de pas sur la neige..., et suivit ces empreintes jusqu'à la porte du jardin, où elles aboutissaient.

— Des pas d'homme !... s'écria-t-il... L'enfant a été enlevé... Malheur ! malheur !

IX

Le village d'Haramont.

Ces pas imprimés sur la neige étaient ceux de Gilbert, qui, depuis sa dernière entrevue avec Balsamo, accomplissait sa tâche de surveillant et préparait sa vengeance.

Rien ne lui avait coûté. Il avait réussi, à force de douces paroles et de petites complaisances, à se faire accepter, chérir même, par la femme de Rousseau. Le moyen était simple ; sur les trente sous par jour que Rousseau allouait à son copiste, le sobre Gilbert prélevait trois fois la semaine, une livre, qu'il employait à l'achat d'un petit présent destiné à Thérèse.

C'était quelquefois un ruban pour ses bonnets, quelquefois une friandise, ou une bouteille de vin de liqueur. La bonne dame, sensible à tout ce qui flattait ses goûts ou son petit orgueil, se fût au besoin contentée des exclamations que poussait Gilbert à table pour louer le talent culinaire de la maîtresse de la maison.

Car le philosophe genevois avait réussi à faire admettre le jeune protégé à la table ; et, depuis les deux derniers mois, Gilbert ainsi favorisé, s'était amassé deux louis à son trésor à lui, qui dormait sous la paillasse, à côté des vingt mille livres de Balsamo.

Mais quelle existence! quelle fixité dans la tenue de conduite et dans la volonté ! Levé au jour, Gilbert commençait par examiner de son œil infaillible la position d'Andrée, pour reconnaître le moindre changement qui pourrait s'être introduit dans l'existence si sombre et si régulière de la récluse.

Rien alors n'échappait à ce regard : ni le sable du jardin sur lequel sa vue perçante mesurait les empreintes du pied d'Andrée, ni le pli des rideaux plus ou moins hermétiquement fermés, et dont l'entrebâillement était pour Gilbert un indice certain de l'humeur de la maîtresse; car, en ses jours de marasme, Andrée se refusait même la vue de la lumière du ciel... De cette façon, Gilbert savait ce qui se passait dans l'âme et ce qui se passait dans la maison.

Il avait trouvé moyen également d'interpréter toutes les démarches de Philippe, et, calculant comme il savait le faire, il ne se trompait ni sur l'intention au départ, ni sur le résultat au retour.

Il poussa même la minutie jusqu'à suivre Philippe, un soir qu'il allait à Versailles trouver le docteur Louis... Cette visite à Versailles avait bien un peu troublé les idées du surveillant; mais quand il vit, à deux jours de là, le docteur se glisser furtivement dans le jardin par la rue

Coq-Héron, il comprit ce qui avait été un mystère l'avant-veille.

Gilbert savait les dates et n'ignorait pas que le moment approchait de réaliser toutes ses espérances. Il avait pris autant de précautions qu'il en faut pour assurer le succès d'une entreprise hérissée de difficultés. Voici comment son plan fut combiné :

Les deux louis lui servirent à louer dans le faubourg Saint-Denis un cabriolet avec deux chevaux. Cette voiture devait être à ses ordres le jour où on la requerrait.

Gilbert avait, en outre, exploré les environs de Paris dans un congé de trois ou quatre jours qu'il avait pris. Pendant ce congé, il s'était rendu dans une petite ville du Soissonnais, située à dix-huit lieues de Paris et entourée d'une immense forêt.

Cette petite ville se nommait Villers-Cotterets. Une fois arrivé dans cette petite ville, il s'était rendu tout droit chez l'unique tabellion de l'endroit, lequel s'appelait maître Niquet.

Gilbert s'était présenté audit tabellion comme le fils de l'intendant d'un grand seigneur. Ce grand seigneur voulant du bien à l'enfant d'une de ses paysannes, avait chargé Gilbert de trouver une nourrice à cet enfant.

Selon toute probabilité, la munificence du grand seigneur ne se bornerait point aux mois de nourrice, et il déposerait, en outre, entre les mains de maître Niquet une certaine somme pour l'enfant.

Alors maître Niquet, qui était possesseur de trois beaux garçons, lui avait indiqué, dans un petit village nommé Haramont et situé à une lieue de Villers-Cotterets, la fille de la nourrice de ses trois fils, laquelle, après s'être mariée légitimement en son étude, continuait le métier de madame sa mère.

Cette brave femme s'appelait Madeleine Pitou, jouissait d'un fils de quatre ans, lequel présentait tous les symptômes d'une bonne santé ; elle venait en outre d'accoucher à nouveau, et par conséquent se trouvait à la disposition de Gilbert, le jour où il lui plairait d'apporter ou d'envoyer son nourrisson.

Toutes ces dispositions prises, Gilbert, toujours exact, était revenu à Paris deux heures avant l'expiration du congé demandé. Maintenant, on nous demandera pourquoi Gilbert avait choisi la petite ville de Villers-Cotterets préférablement à toute autre.

En cette circonstance, comme en beaucoup d'autres, Gilbert avait subi l'influence de Rousseau.

Rousseau avait un jour nommé la forêt de Villers-Cotterets comme une des plus riches en végétation qui existassent, et, dans cette forêt, il avait cité trois ou quatre villages cachés comme des nids au plus profond de la feuillée.

Or, il était impossible qu'on allât découvrir l'enfant de Gilbert dans un de ces villages.

Haramont surtout avait frappé Rousseau, si bien que Rousseau le misanthrope, Rousseau le solitaire, Rousseau l'ermite, répétait à chaque instant :

— ... Haramont est le bout du monde; Haramont, c'est le désert : on peut vivre et mourir là comme l'oiseau, sur la branche quand il vit, sous la feuille quand il meurt.

Gilbert avait encore entendu le philosophe raconter les détails d'un intérieur de chaumière, et rendre avec ces traits de feu dont il animait la nature, depuis le sourire de la nourrice jusqu'au bêlement de la chèvre; depuis l'odeur appétissante de la grossière soupe aux choux, jusqu'aux parfums des mûriers sauvages et des bruyères violacées.

— J'irai là, s'était dit Gilbert; mon enfant grandira sous les ombrages où le maître a exhalé des souhaits et des soupirs.

Pour Gilbert, une fantaisie était une règle invariable, surtout quand cette fantaisie se présentait avec des apparences de nécessités morales.

Sa joie fut donc grande quand maître Niquet, allant au-devant de ses désirs, lui nomma Haramont comme un village qui convenait parfaitement à ses intentions.

De retour à Paris, Gilbert s'était préoccupé du cabriolet.

Le cabriolet n'était pas beau, mais il était solide, c'était tout ce qu'il fallait. Les chevaux étaient des percherons trapus, le postillon un lourdaud d'écurie; mais ce qui importait à Gilbert, c'était d'arriver au but et surtout de n'éveiller aucune curiosité.

Sa fable n'avait d'ailleurs inspiré aucune défiance à maître Niquet; il était d'assez bonne mine avec ses habits neufs, pour ressembler à un fils d'intendant de bonne maison, ou à un valet de chambre, déguisé, de duc et pair.

Son ouverture n'en inspira pas davantage au conducteur, c'était le temps des confidences de peuple à gentilhomme; on recevait, dans ce temps-là, l'argent avec une certaine reconnaissance et sans prendre d'informations.

D'ailleurs deux louis en valaient quatre à cette époque, et quatre louis, de nos jours, sont toujours bons à gagner.

Le voiturier s'engagea donc, pourvu qu'il fût prévenu deux heures à l'avance, à mettre sa voiture à la disposition de Gilbert.

Cette entreprise avait pour le jeune homme tous les attraits que l'imagination des poëtes et l'imagination des philosophes, deux fées vêtues bien différemment, prêtent aux belles choses et aux bonnes résolutions. Soustraire l'enfant à une mère cruelle, c'est-à-dire semer la honte et le deuil dans le camp des ennemis; puis, changeant de visage, entrer dans une chaumière, chez des villageois vertueux comme les peint Rousseau, et déposer sur un berceau d'enfant une grosse somme; être regardé comme un dieu tutélaire par ces pauvres gens; passer pour un grand personnage : voilà plus qu'il n'en fallait pour satisfaire l'orgueil, le ressentiment, l'amour pour le prochain, la haine pour les ennemis.

Le jour fatal arriva enfin. Il suivait dix autres jours que Gilbert avait passés dans les angoisses, dix nuits qu'il avait passées dans l'insomnie. Malgré la rigueur du froid, il couchait la fenêtre ouverte, et chaque mouvement d'Andrée ou de Philippe, correspondait à son oreille, comme à la sonnette la main qui tire le fil.

Il vit ce jour-là Philippe et Andrée causer ensemble près de la cheminée ; il avait vu la servante partir précipitamment pour Versailles, en oubliant de fermer les persiennes. Il courut aussitôt prévenir son voiturier, resta devant l'écurie pendant tout le temps qu'on attela, se mordant les poings et crispant ses pieds sur le pavé pour comprimer son impatience. Enfin, le postillon monta sur son cheval et Gilbert dans le cabriolet, qu'il fit arrêter au coin d'une petite rue déserte, aux environs de la Halle.

Puis il revint chez Rousseau, écrivit une lettre d'adieu au bon philosophe, de remercîment à Thérèse, annonçant qu'un petit héritage l'appelait dans le Midi ; qu'il reviendrait.... Le tout sans indications précises. Puis, son argent dans ses poches, un long couteau dans sa manche, il allait se glisser le long du tuyau dans le jardin, lorsqu'une idée l'arrêta.

La neige !... Gilbert, absorbé depuis trois jours, n'avait pas pensé à cela... Sur la neige, on verrait ses traces... Ces traces, aboutissant au mur de la maison de Rousseau, nul doute que Philippe et Andrée ne fissent faire des recherches, et que la disparition de Gilbert, en coïncidant avec l'enlèvement, tout ce secret ne se découvrît.

Il fallait donc, de toute nécessité, faire le tour par la rue Coq-Héron, entrer par la petite porte du jardin, pour laquelle, depuis un mois, Gilbert s'était muni d'un passe-partout, porte de laquelle partait un petit sentier battu, où ses pieds, par conséquent, ne laisseraient pas de traces.

Il ne perdit pas un moment et arriva

juste à l'heure où le fiacre qui amenait le docteur Louis stationnait devant l'entrée principale du petit hôtel.

Gilbert ouvrit avec précaution la porte, ne vit personne et s'alla cacher à l'angle du pavillon, près de la serre.

Ce fut une terrible nuit; il put entendre tout : gémissements, cris arrachés par la torture; il entendit jusqu'aux premiers vagissements du fils qui lui était né.

Cependant, appuyé sur la pierre nue,

il recevait, sans la sentir, toute la neige qui tombait drue et solide du ciel noir. Son cœur battait sur le manche de ce couteau qu'il serrait désespérément contre sa poitrine. Son œil fixe avait la couleur du sang, la lumière du feu.

Enfin le docteur sortit ; enfin Philippe échangea les derniers mots avec le docteur.

Alors Gilbert s'approcha de la persienne, marquant sa trace sur le tapis de neige qui craquait sous ses pieds jusqu'à la cheville. Il vit Andrée endormie dans son lit, Marguerite assoupie dans le fauteuil ; et, cherchant l'enfant près de la mère, il ne le vit point.

Il comprit aussitôt, se dirigea vers la porte du perron, l'ouvrit non sans un bruit qui l'épouvanta, et, pénétrant jusqu'au lit qui avait été le lit de Nicole, il posa à tâtons ses doigts glacés sur le visage du pauvre enfant, à qui la douleur arracha les cris entendus par Andrée.

Puis, roulant le nouveau-né dans une couverture de laine, il l'emporta, laissant la porte entre-bâillée, pour ne pas redoubler le bruit si dangereux.

Une minute après, il avait gagné la rue par le jardin; il courait à la rencontre de son cabriolet, en chassait le postillon qui s'était endormi sous la capote, et, fermant le rideau de cuir... tandis que l'homme remontait à cheval :

— Un demi louis pour toi, dit-il, si dans un quart d'heure nous avons franchi la barrière.

Les chevaux, ferrés à glace, partirent au galop.

X

La famille Pitou.

Pendant la route, tout effrayait Gilbert. Le bruit des voitures qui suivaient ou dépassaient la sienne, les plaintes du vent dans les arbres desséchés, lui semblaient être une poursuite organisée, ou des cris poussés par ceux à qui l'enfant avait été pris.

Cependant, rien ne menaçait. Le postillon fit bravement son devoir, et les deux chevaux arrivèrent fumants à Dammartin à l'heure que Gilbert avait fixée, c'est-à-dire avant les premières clartés du jour.

Gilbert donna son demi-louis, changea de chevaux et de postillon, et la course recommença.

Pendant toute la première partie de la route, l'enfant, soigneusement abrité par la couverture et garanti par Gilbert lui-même, n'avait pas senti les atteintes du froid et n'avait point poussé un seul cri. Sitôt que le jour parut, apercevant au loin la campagne, Gilbert se sentit plus courageux, et, pour couvrir les plaintes que l'enfant commençait à faire entendre, il entama une de ces éternelles chansons comme il en chantait à Taverney, au retour de ses chasses.

Le cri de l'essieu, des soupentes, le bruit de ferraille de toute la voiture, les grelots des chevaux, lui firent un accompagnement diabolique dont le postillon augmenta lui-même l'intensité en mêlant, au refrain de

Gilbert, les éclats d'une bourbonnaise tant soit peu séditieuse.

Il en résulta que ce dernier conducteur ne soupçonna même pas que Gilbert emportait un enfant dans le cabriolet. Il arrêta ses chevaux en avant de Villers-Coterets, reçut, comme on en était convenu, le prix du voyage, plus un écu de six livres, et Gilbert, reprenant son fardeau soigneusement enfermé par les plis de la couverture, entonnant le plus sérieusement possible sa chanson, s'éloigna subitement, enjamba un fossé et disparut dans un sentier jonché de feuilles, qui descendait, en tournoyant à

gauche de la route, vers le village d'Haramont.

Le temps s'était mis au froid. Plus de
neige depuis quelques heures; un terrain
ferme et hérissé de broussailles aux longs
filaments, aux touffes épineuses. Au-dessus
se dessinaient, sans feuilles et attristés, les
arbres de la forêt par les branchages desquels brillait l'azur pâle d'un ciel encore
embrumé.

L'air si vif, les parfums des essences de
chêne, les perles de glace suspendues aux
extrémités des branches, toute cette liberté,

toute cette poésie frappèrent vivement l'imagination du jeune homme.

Il marcha d'un pas rapide et fier par la petite ravine, sans broncher, sans chercher, car il interrogeait, au milieu des bouquets d'arbres, le clocher du hameau et la fumée bleue des cheminées, qui filtrait parmi les treillis grisâtres des branchages. Au bout d'une petite demi-heure, il franchissait un ruisseau bordé de lierre et de cresson jaunis, et demandait, à la première cabane, aux enfants d'un laboureur, de le conduire chez Madeleine Pitou.

Muets et attentifs, sans être hébétés ni

immobiles comme d'autres paysans, les enfants se levèrent, et, regardant l'étranger dans les yeux, ils le conduisirent, se tenant par la main, jusqu'à une chaumière assez grande, d'assez bonne apparence, et située sur le bord du ruisseau qui longeait la plupart des maisons du village.

Ce ruisseau roulait ses eaux limpides et un peu grossies par les premières fontes de neige. Un pont de bois, c'est-à-dire une grosse planche, joignait la route aux degrés de terre qui conduisaient à la maison.

L'un des enfants, ses guides, montra de

la tête à Gilbert que là demeurait Madeleine Pitou.

— Là? répéta Gilbert.

L'enfant baissa le menton sans articuler un mot.

— Madeleine Pitou, demanda encore une fois Gilbert à l'enfant.

Et celui-ci ayant réitéré sa muette affirmation, Gilbert franchit le petit pont et vint pousser la porte de la chaumière, tandis que les enfants, qui s'étaient repris la main, regardaient de toutes leurs forces ce que venait faire chez Madeleine ce beau monsieur en habit brun, avec des souliers à boucles.

Du reste, Gilbert n'avait encore aperçu dans le village d'autres créatures vivantes que ces enfants. Haramont était bien réellement le désert tant souhaité.

Aussitôt que la porte eut été ouverte, un spectacle plein de charme pour tout le monde en général, et pour un apprenti philosophe en particulier, frappa les regards de Gilbert.

Une robuste paysanne allaitait un bel enfant de quelques mois, tandis qu'agenouillé devant elle, un autre enfant, vigoureux gars de quatre à cinq ans, faisait à haute voix une prière.

Dans un coin de la cheminée, près d'une fenêtre, ou plutôt d'un trou percé dans la muraille et fermé par une vitre, une autre paysanne de trente-cinq à trente-six ans filait du lin, son rouet à droite d'elle, un tabouret de bois sous ses pieds, un bon gros chien caniche sur ce tabouret.

Le chien, apercevant Gilbert, aboya d'une façon assez hospitalière et civile, tout juste ce qu'il fallait pour témoigner de sa vigilance. L'enfant en prières se retourna, coupant la phrase du *Pater*, et les deux femmes poussèrent une sorte d'exclamation qui tenait le milieu entre la surprise et la joie.

Gilbert commença par sourire à la nourrice.

— Bonne dame Madeleine, dit-il, je vous salue.

La paysanne fit un bond.

— Monsieur sait mon nom ? dit-elle.

— Comme vous voyez; mais ne vous interrompez pas, je vous prie. En effet, au lieu d'un nourrisson que vous avez, vous allez en avoir deux.

Et il déposa sur le berceau grossier de l'enfant campagnard le petit enfant citadin qu'il avait apporté.

— Oh! qu'il est mignon! s'écria la paysanne qui filait.

— Oui, sœur Angélique, bien mignon, dit Madeleine.

— Madame est votre sœur? demanda Gilbert en désignant la fileuse.

— Ma sœur, oui, monsieur, répliqua Madeleine; la sœur de mon homme.

— Oui, ma tante, ma tante Gélique, murmura d'une voix de basse-taille le marmot, qui se mêlait à la conversation sans s'être relevé.

—Tais-toi, ange, tais-toi, dit la mère; tu interromps monsieur.

— Ce que j'ai à vous proposer est bien

simple, bonne dame. L'enfant que voici est fils d'un fermier de mon maître.... un fermier ruiné... Mon maître, parrain de cet enfant, veut qu'il soit élevé à la campagne, et qu'il devienne un bon laboureur...; bonne santé... bonnes mœurs... Voulez-vous vous charger de cet enfant?

— Mais, monsieur...

— Il est né hier, et n'a pas encore eu de nourrice, interrompit Gilbert. D'ailleurs, c'est le nourrisson dont a dû vous parler maître Niquet, tabellion à Villers-Cotterets.

Madeleine saisit aussitôt l'enfant et lui donna le sein avec une impétuosité généreuse qui attendrit profondément Gilbert.

— On ne m'avait pas trompé, dit-il; vous êtes une brave femme. Je vous confie donc cet enfant au nom de mon maître. Je vois qu'il sera heureux ici, et je veux qu'il apporte en cette chaumière un rêve de bonheur en échange de celui qu'il y trouvera. Combien avez-vous pris par mois aux enfans de maître Niquet, de Villers-Cotterets?

— Douze livres, monsieur; mais M. Niquet est riche, et il ajoutait bien par-ci par-là quelques livres pour le sucre et l'entretien.

— Mère Madeleine, dit Gilbert avec fierté, l'enfant que voici vous payera vingt livres par mois, ce qui fait 240 livres par an.

—Jésus! s'écria Madeleine, merci monsieur.

— Voici la première année, dit Gilbert en étalant sur la table dix beaux louis qui firent ouvrir de grands yeux aux deux femmes, et sur lesquels le petit ange Pitou allongea sa main dévastatrice.

— Mais, monsieur, si l'enfant ne vivait pas, objecta timidement la nourrice.

— Ce serait un grand malheur, un malheur qui n'arrivera point, dit Gilbert. Voilà donc les mois de nourrice réglés, vous êtes satisfaite ?

— Oh ! oui, monsieur.

—Passons aux payements d'une pension pour les autres années.

— L'enfant nous resterait ?

— Probablement.

— En ce cas, monsieur, c'est nous qui serions ses père et mère ?

Gilbert pâlit.

— Oui, dit-il d'une voix étouffée.

— Alors, monsieur, il est donc abandonné, ce pauvre petit ?

Gilbert ne s'attendait pas à cette émotion, à ces questions. Il se remit pourtant...

— Je ne vous ai pas tout dit, ajouta-t-il; le pauvre père est mort de douleur.

Les deux bonnes femmes joignirent les mains avec expression.

— Et la mère? demanda Angélique.

— Oh! la mère... la mère, répliqua Gilbert en respirant péniblement...; jamais son enfant, né ou à naître, ne devait compter sur elle.

Ils en étaient là quand le père Pitou rentra des champs, l'air calme et joyeux. C'était une de ces natures épaisses et honnêtes, bourrées de douceur et de santé. comme les a peintes Greuze dans ses bons tableaux.

Quelques mots le mirent au courant. Il comprenait d'ailleurs par amour-propre les choses, surtout celles qu'il ne comprenait pas...

Gilbert expliqua que la pension de l'enfant devait être payée jusqu'à ce qu'il fût devenu un homme, et capable de vivre seul avec l'aide de sa raison et de ses bras.

— Soit, dit Pitou; je crois que nous aimerons cet enfant, car il est mignon.

— Lui aussi! dirent Angélique et Madeleine, il le trouve comme nous!

— Venez donc avec moi, je vous prie, chez maître Niquet; je déposerai chez lui l'argent nécessaire, afin que vous soyez contents et que l'enfant puisse être heureux.

— Tout de suite, monsieur, répliqua Pitou père.

Et il se leva.

Alors Gilbert prit congé des bonnes femmes et s'approcha du berceau dans lequel on avait déjà placé le nouveau venu, au détriment de l'enfant de la maison.

Il se pencha sur le berceau d'un air sombre, et, pour la première fois, regardant le visage de son fils, il s'aperçut qu'il ressemblait à Andrée.

Cette vue lui brisa le cœur; il fut obligé de s'enfoncer les ongles dans la chair, pour comprimer une larme qui montait de ce cœur blessé à sa paupière.

Il déposa un baiser timide, tremblant même, sur la joue fraîche du nouveau-né, et recula en chancelant.

Le père Pitou était déjà sur le seuil, un bâton ferré en main, sa belle veste sur le dos, en sautoir.

Gilbert donna un demi-louis au gros ange Pitou, qui rôdait entre ses jambes, et les deux femmes lui demandèrent l'honneur de l'embrasser, avec la touchante familiarité des campagnes.

Tant d'émotions avaient accablé ce père de dix-huit ans qu'un peu plus il y succombait. Pâle, nerveux, il commençait à perdre la tête.

— Partons, dit-il à Pitou.

— A vos souhaits, monsieur, répliqua le paysan en ouvrant la marche.

Et ils partirent en effet.

Tout à coup Madeleine se mit à crier du seuil :

— Monsieur ! monsieur !

— Qu'y a-t-il ? dit Gilbert.

— Son nom ! son nom ! Comment voulez-vous qu'on le nomme ?

— Il s'appelle Gilbert ! répliqua le jeune homme avec un mâle orgueil.

XI

Le départ.

Ce fut chez le tabellion une affaire bien promptement réglée. Gilbert déposa, sous son nom, une somme de vingt mille moins quelques cents livres destinée à subvenir aux frais d'éducation et d'entretien de l'enfant, comme aussi à lui former un établissement de laboureur lorsqu'il aurait atteint l'âge d'homme.

Gilbert régla éducation et entretien à la somme de cinq cents livres par an, pendant quinze ans, et décida que le reste de l'argent serait attribué à une dot quelconque ou à un achat d'établissement ou de terre.

Ayant ainsi pensé à l'enfant, Gilbe pensa aux nourriciers. Il voulut que deux mille quatre cents livres fussent données aux Pitou par l'enfant dès qu'il aurait atteint dix-huit ans. Jusque-là, maître Niquet ne devait fournir les sommes annuelles que jusqu'à la concurrence de cinq cents livres.

Maître Niquet devait jouir de l'intérêt de l'argent, pour fruit de ses peines.

Gilbert se fit donner un reçu en bonne forme de l'argent par Niquet, de l'enfant par Pitou : Pitou ayant contrôlé la signature de Niquet pour la somme ; Niquet, celle de Pitou pour l'enfant ; en sorte qu'il put partir vers l'heure de midi, laissant Niquet dans l'admiration de cette sagesse prématurée; Pitou, dans la jubilation d'une fortune si rapide.

Aux confins du village d'Haramont, Gilbert crut qu'il se séparait du monde entier. Rien pour lui n'avait plus ni signification, ni promesses. Il venait de divorcer avec la vie insouciante du jeune homme, et d'accomplir une de ces actions sérieuses que les hommes pouvaient appeler un crime, que Dieu pouvait punir d'un châtiment sévère.

Toutefois, confiant en ses propres idées, en ses propres forces, Gilbert eut le courage de s'arracher des bras de maître Niquet, qui l'avait accompagné, qui l'avait pris dans une amitié vive, et qui le tentait par mille et mille séductions.

Mais l'esprit est capricieux ; la nature humaine est sujette aux faiblesses. Plus un homme a de volonté, de ressort spontanément, plus vite lancé dans l'exécution des entreprises, il mesure la distance qui le sépare déjà de son premier pas. C'est alors que s'inquiètent les meilleurs courages; c'est alors qu'ils se disent, comme César : « Ai-je bien fait de passer le Rubicon ? »

Gilbert, se trouvant seul sur la lisière de la forêt, tourna encore une fois ses regards sur le taillis aux cimes rougissantes qui lui cachaient tout Haramont, excepté le clocher. Ce tableau ravissant de bonheur et de paix le plongea dans une rêverie pleine de regrets et de délices.

— Fou que je suis, se dit-il, où vais-je? Dieu ne se détourne-t-il pas avec colère dans la profondeur du ciel? Quoi! une idée s'est offerte à moi; quoi! une circonstance a favorisé l'exécution de cette idée; quoi! un homme suscité par Dieu pour causer le mal que j'ai fait, a consenti à réparer ce mal, et je me trouve aujourd'hui possesseur d'un trésor et de mon enfant! Ainsi, avec dix mille livres — dix mille autres étant réservées à l'enfant — je puis ici vivre comme un heureux cultivateur, parmi ces bons villageois, au sein de cette nature sublime et féconde. Je puis m'ensevelir à jamais dans une douce béatitude, travailler et penser; oublier le monde et m'en faire oublier; je puis, bonheur immense! élever moi-même cet enfant, et jouir ainsi de mon ouvrage.

— Pourquoi non? ces bonnes chances ne me sont-elles pas envoyées par Dieu? Ne sont-elles pas la compensation de toutes mes souffrances passées? Oh! oui, je puis vivre ainsi; oui, je puis me substituer, dans le partage, à cet enfant que d'ailleurs j'aurai élevé moi-même, gagnant ainsi l'argent qui sera donné à des mercenaires.

Je puis avouer à maître Niquet que je suis son père, je puis tout!

Et son cœur s'emplit peu à peu d'une joie indicible et d'un espoir qu'il n'avait pas encore savouré, même dans les hallucinations les plus riantes de ses rêves.

Tout à coup, le ver qui sommeillait au fond de ce beau fruit se réveilla et montra sa tête hideuse; c'était le remords, c'était la honte, c'était le malheur.

— Je ne puis, se dit Gilbert en pâlissant. J'ai volé l'enfant à cette femme, comme je lui ai volé son honneur... J'ai volé l'argent à cet homme pour en faire, ai-je dit, une réparation. Je n'ai donc plus le droit de m'en faire du bonheur à moi-même; je n'ai pas non plus le droit de garder l'enfant, puisqu'une autre ne l'aura pas. Il est à nous deux, cet enfant, ou à personne.

Et sur ces mots douloureux comme des blessures, Gilbert se releva désespéré; son visage exprima alors les plus sombres, les plus haineuses passions.

— Soit! dit-il, je serai malheureux; soit! je souffrirai; soit! je manquerai de tous et de tout; mais le partage qu'il me fallait faire du bien, je veux le faire du mal. Mon patrimoine désormais, c'est la vengeance et le malheur. Ne crains rien, Andrée, je partagerai fidèlement avec toi.

Il détourna sur la droite, et, après s'être orienté par un moment de réflexion, il s'enfonça dans les bois, où il marcha tout le jour pour gagner la route de Normandie, qu'il avait supputé devoir rencontrer dans quatre jours de marche.

Il possédait neuf livres et quelques sous. Son extérieur était honnête, sa figure calme et reposée. Un livre sous le bras, il ressemblait beaucoup à un étudiant de famille, retournant dans la maison paternelle.

Il prit l'habitude de marcher la nuit dans les beaux chemins, et de dormir le jour dans les prairies, aux rayons du soleil. Deux fois seulement, la brise l'incommoda si fort, qu'il fut contraint d'entrer dans une chaumière, où, sur une chaise dans l'âtre, il dormit du meilleur de son cœur, sans s'apercevoir que la nuit était venue.

Il avait toujours une excuse et une destination. Je vais à Rouen, disait-il, chez

mon oncle, et je viens de Villers-Coterets; j'ai voulu, comme un jeune homme,
faire la route à pied pour me distraire.

Nul soupçon de la part des paysans; le
livre était une contenance alors respectée.
Si Gilbert voyait le doute voltiger sur
quelques bouches plus pincées, il parlait
d'un séminaire où l'entraînait sa vocation.
C'était la déroute complète de toute mauvaise pensée.

Huit jours se passèrent ainsi, pendant
lesquels Gilbert vécut comme un paysan,
dépensant dix sous par jour, et faisant dix
lieues de pays. Il arriva en effet à Rouen, et

là, n'eut plus besoin de se renseigner, ni de chercher la route.

Le livre qu'il portait était un exemplaire de la *Nouvelle Héloïse*, richement relié. Rousseau lui avait fait ce présent et écrit son nom sur la première feuille du livre.

Gilbert, réduit à quatre livres dix sous, déchira cette page qu'il garda précieusement, et vendit l'ouvrage à un libraire, qui en donna trois livres.

Ce fut ainsi que le jeune homme put arriver trois autres jours après en vue du

Havre, et qu'il aperçut la mer au coucher du soleil.

Ses souliers étaient dans un état peu convenable pour un jeune monsieur qui mettait coquettement le jour des bas de soie pour traverser les villes; mais Gilbert eut encore une idée. Il vendit ses bas de soie, ou plutôt les troqua pour une paire de souliers irréprochable, quant à la solidité. Pour l'élégance, nous n'en parlerons pas.

Cette dernière nuit, il la passa dans Harfleur, logé, nourri pour seize sous. Il mangea là des huîtres pour la première fois de sa vie. Un mets des riches, se dit-il, pour le plus pauvre des hommes, tant il est vrai que Dieu n'a jamais fait que le bien, tandis que les hommes ont fait le mal, selon la maxime de Rousseau.

A dix heures du matin, le treize décembre, Gilbert entra dans le Havre, et, du premier abord, aperçut l'*Adonis,* beau brick de trois cents tonneaux, qui se balançait dans le bassin.

Le port était désert. Gilbert s'y aventura par le moyen d'une passerelle. Un mousse s'approcha de lui pour l'interroger.

— Le capitaine? demanda Gilbert.

Le mousse fit un signe dans l'entrepont, et bientôt après une voix partie d'en bas cria :

— Faites descendre.

Gilbert descendit. On le mena dans une petite chambre toute construite en bois d'acajou et meublée avec la plus sobre simplicité.

Un homme de trente ans, pâle, nerveux, l'œil vif et inquiet, lisait une gazette sur une table d'acajou comme les cloisons.

— Que veut monsieur? dit-il à Gilbert.

Gilbert fit signe à cet homme d'éloigner son mousse, et le mousse partit en effet.

— Vous êtes le capitaine de l'*Adonis*, monsieur? dit Gilbert aussitôt.

— Oui, monsieur.

— C'est bien à vous alors qu'est adressé ce papier?

Il tendit au capitaine le billet de Balsamo.

A peine eut-il vu l'écriture, que le capitaine se leva et dit précipitamment à Gilbert avec un sourire plein d'affabilité :

— Ah! vous aussi... Si jeune! bien! bien!

Gilbert se contenta de s'incliner.

— Vous allez?... dit-il.

— En Amérique.

— Vous partez?

— Quand vous partirez vous-même.

— Bien. Dans huit jours, alors.

— Que ferai-je pendant tout ce temps, capitaine?

— Avez-vous un passeport.

— Non.

— Alors, vous allez ce soir même revenir à bord, après vous être promené toute la journée hors de la ville, à Sainte-Adresse, par exemple. Ne parlez à personne.

— Il faut que je mange; je n'ai plus d'argent.

— Vous allez dîner ici; vous souperez ce soir.

— Et après?

— Une fois embarqué, vous ne retournerez plus à terre; vous demeurerez caché ici; vous partirez sans avoir revu le ciel...

Une fois en mer, à vingt lieues, alors, libre tant que vous voudrez.

— Bien.

— Faites donc aujourd'hui tout ce qu'il vous reste à faire.

— J'ai une lettre à écrire.

— Écrivez-la...

— Où ?

—Sur cette table... Voici plume, encre

et papier; la poste est au faubourg, le mousse vous conduira.

— Merci, capitaine !

Gilbert, demeuré seul, écrivit une courte lettre sur laquelle il mit cette subscription :

« Mademoiselle Andrée de Taverney ;
« Paris, rue Coq-Héron, 9, à la première
« porte-cochère en partant de la rue Plâ-
« trière. »

Puis il serra cette lettre dans sa poche, mangea ce que le capitaine lui-même lui

servait, et suivit le mousse qui le conduisit à la poste, où la lettre fut jetée.

Tout le jour, Gilbert regarda la mer du haut des falaises.

A la nuit, il revint. Le capitaine le guettait et le fit entrer dans le navire.

XII

Le dernier adieu de Gilbert.

Philippe avait passé une nuit terrible. Ces pas sur la neige lui démontraient jusqu'à l'évidence que quelqu'un s'était introduit dans la maison pour enlever l'enfant; mais qui accuser? Nul autre indice ne précisait ses soupçons.

Philippe connaissait si bien son père qu'il ne douta pas de sa complicité dans cette affaire. M. de Taverney croyait Louis XV père de cet enfant; il devait attacher un grand prix à la conservation de ce témoignage vivant d'une infidélité faite par le roi à madame Dubarry. Le baron devait croire également que tôt ou tard Andrée recourrait à la faveur et qu'elle rachèterait fort cher alors le principal moyen de sa fortune à venir.

Ces réflexions, basées sur une révélation toute fraîche encore du caractère paternel, consolèrent un peu Philippe, qui crut possible de reconquérir cet enfant, puisqu'il connaissait les ravisseurs.

Il guetta donc à huit heures l'entrée du docteur Louis, auquel, dans la rue, en se promenant de long en large, il conta l'affreux événement de la nuit.

Le docteur était homme de bon conseil : il examina les traces du jardin, et, après réflexion, conclut en faveur des suppositions de Philippe.

— Le baron m'est assez connu, dit-il,

pour que je le croie capable de cette mauvaise action. Toutefois, ne se peut-il pas qu'un autre intérêt, un intérêt plus immédiat, ait déterminé l'enlèvement de cet enfant ?

— Quel intérêt, docteur ?

— Celui du véritable père.

— Oh ! s'écria Philippe, j'avais eu un moment cette pensée ; mais le malheureux n'a pas seulement de pain pour lui ; c'est un fou, un exalté, fugitif à l'heure qu'il est, et qui doit avoir peur même de mon ombre... Ne nous trompons pas, docteur, le misérable a commis ce crime par occasion; mais, à présent que je suis plus éloigné de la colère, bien que je le haïsse, ce criminel, je crois que j'éviterais sa rencontre, afin de ne pas le tuer. Je crois qu'il doit éprouver des remords qui le punissent; je crois que la faim et le vagabondage me vengeront de lui aussi efficacement que mon épée.

— N'en parlons plus, dit le docteur.

— Veuillez seulement, cher et excellent ami, consentir à un dernier mensonge ; car il faut, avant tout, rassurer Andrée ; vous lui direz que vous étiez hier inquiet de la santé de cet enfant, que vous l'êtes revenu prendre la nuit pour le porter chez sa nourrice. C'est la première fable qui me soit venue à l'idée, et que j'aie improvisée pour Andrée.

— Je dirai cela ; cependant, vous chercherez cet enfant ?

— J'ai un moyen de le retrouver. Je suis décidé à quitter la France ; Andrée entrera au monastère de Saint-Denis ; alors j'irai trouver M. de Taverney : je lui dirai que je sais tout ; je le forcerai, comme s'il était un étranger pour moi, je le forcerai à me découvrir la retraite de l'enfant. Ses résistances, je les vaincrai par la menace d'une révélation publique, par la menace d'une intervention de Madame la Dauphine.

— Et l'enfant, qu'en ferez-vous, votre sœur étant au couvent?

— Je le mettrai en nourrice chez une femme que vous me recommanderez..., puis au collége, et, quand il sera grand, je le prendrai avec moi, si je vis.

— Et vous croyez que la mère consentira soit à vous quitter, soit à quitter son enfant ?

Andrée consentira désormais à tout ce que je voudrai. Elle sait que j'ai fait une démarche auprès de Madame la Dauphine, dont j'ai la parole; elle ne m'exposera pas à manquer de respect à notre protectrice.

— Je vous prie, rentrons chez la pauvre mère, dit le docteur.

Et il rentra en effet chez Andrée, qui sommeillait doucement, consolée par les soins de Philippe.

Son premier mot fut une question au docteur, qui avait déjà répondu par une mine riante.

Andrée entra dès-lors dans un calme parfait, qui accéléra si bien sa convalescence que dix jours après elle se levait et pouvait marcher dans la serre, à l'heure où le soleil descendait sur les vitraux.

Le jour même de cette promenade, Philippe, qui s'était absenté pendant quelques jours, revint à la maison de la rue Coq-Héron, avec un visage tellement sombre, que le docteur, en lui ouvrant la porte, pressentit un grand malheur.

— Qu'y a-t-il donc? demanda-t-il, est-ce que le père refuse de rendre l'enfant?

— Le père, dit Philippe, a été saisi d'un accès de fièvre qui l'a cloué sur son lit trois jours après son départ de Paris, et le père était à l'extrémité quand je suis arrivé ; j'ai pris toute cette maladie pour une ruse, pour une feinte, pour une preuve même de sa participation à l'enlèvement. J'ai insisté, j'ai menacé, M. de Taverney m'a juré sur le Christ qu'il ne comprenait rien à ce que je voulais lui dire.

— En sorte que vous revenez sans nouvelle?

— Oui, docteur.

— Et convaincu de la véracité du baron ?

— Presque convaincu.

— Plus rusé que vous, il n'a pas livré son secret ?

— J'ai menacé de faire intervenir Madame la Dauphine, et le baron a pâli. — Perdez-moi si vous voulez, a-t-il dit; déshonorez votre père et vous-même, ce sera une folie furieuse qui n'amènera aucun résultat. Je ne sais ce que vous voulez me dire.

— En sorte que...?

— En sorte que je reviens au désespoir.

A ce moment, Philippe entendit la voix de sa sœur qui criait :

— N'est-ce pas Philippe qui est entré?

— Grand Dieu! la voici... Que lui dirai-je? murmura Philippe.

— Silence ! fit le docteur.

Andrée entra dans la chambre et vint embrasser son frère avec une tendresse joyeuse qui glaça le cœur du jeune homme.

— Eh bien ! dit-elle, d'où viens-tu ?

— Je viens de chez mon père d'abord, ainsi que je t'en avais prévenue.

— Monsieur le baron est-il bien ?

— Bien, oui, Andrée; mais ce n'est pas la seule visite que j'aie faite... J'ai vu aussi plusieurs personnes pour ton entrée à Saint-Denis. Dieu merci, maintenant tout est préparé; te voilà sauvée, tu peux t'occuper de ton avenir avec intelligence et fermeté.

Andrée s'approcha de son frère et avec un tendre sourire :

— Cher ami, lui dit-elle, mon avenir à moi ne m'occupe plus : il ne faut plus même que mon avenir occupe personne... L'avenir de mon enfant est tout pour moi, et je me consacrerai uniquement au fils que Dieu m'a donné. Telle est ma résolution prise irrévocablement depuis que, mes forces étant revenues, je n'ai plus douté de la solidité de mon esprit. Vivre pour mon fils, vivre de privations, travailler même, s'il est nécessaire, mais ne le quitter ni jour ni nuit, tel est l'avenir que je me suis tracé. Plus de couvent, plus d'égoïsme; j'appartiens à quelqu'un : Dieu ne veut plus de moi !

Le docteur regarda Philippe comme pour lui dire :

— Eh bien ! qu'avais-je prédit ?

— Ma sœur, s'écria le jeune homme, ma sœur, que dis-tu?

— Ne m'accuse pas, Philippe, ce n'est pas là un caprice de femme faible et vaine; je ne te gênerai pas, je ne t'imposerai rien.

— Mais... mais, Andrée, moi, je ne puis rester en France; moi, je veux quitter tout; je n'ai plus de fortune, moi; point d'avenir non plus : je pourrai consentir à t'abandonner au pied d'un autel, mais dans le monde, dans la misère, dans le travail... Andrée, prends garde.

— J'ai tout prévu... je t'aime sincèrement, Philippe; mais si tu me quittes, je dévorerai mes larmes, et j'irai me réfugier près du berceau de mon fils.

Le docteur s'approcha.

— Voilà de l'exagération, de la démence, dit-il.

— Ah! docteur, que voulez-vous?.... Être mère, c'est un état de démence! mais cette démence, Dieu me l'a envoyée. Tant que cet enfant aura besoin de moi, je persisterai dans ma résolution.

Philippe et le docteur échangèrent soudain un regard.

— Mon enfant, dit le docteur le premier, je ne suis pas un prédicateur bien éloquent; mais je crois me souvenir que Dieu défend les attachements trop vifs à la créature.

— Oui, ma sœur, ajouta Philippe.

— Dieu ne défend pas à une mère d'aimer vivement son fils, je crois, docteur?

— Pardonnez-moi, ma fille, le philosophe, le praticien va essayer de mesurer l'abîme que creuse le théologien pour les passions humaines. A toute prescription qui vient de Dieu, cherchez la cause, non-seulement morale, c'est quelquefois une subtilité de perfection, cherchez la raison maternelle. Dieu défend à une mère d'aimer excessivement son enfant, parce que l'enfant est une plante frêle, délicate, accessible à tous les maux, à toutes les souffrances, et qu'aimer vivement une créature éphémère, c'est s'exposer au désespoir.

— Docteur, murmura Andrée, pourquoi me dites-vous cela ? Et vous, Philippe, pourquoi me considérez-vous avec cette compassion... cette pâleur?

— Chère Andrée, interrompit le jeune homme, suivez mon conseil, mon conseil d'ami tendre; votre santé est rétablie, entrez le plus tôt possible au couvent de Saint-Denis.

— Moi!... Je vous ai dit que je ne quitterai pas mon fils.

— Tant qu'il aura besoin de vous, dit doucement le docteur.

— Mon Dieu! s'écria Andrée, qu'y a-t-il? parlez; quelque chose de triste... de cruel?...

— Prenez garde, murmura le docteur à l'oreille de Philippe; elle est bien faible encore pour supporter un coup décisif.

— Mon frère, tu ne réponds pas; explique-toi.

— Chère sœur, tu sais que j'ai passé, en revenant, par le Point-du-Jour, où ton fils est en nourrice.

— Oui... Eh bien?

— Eh bien! l'enfant est un peu malade.

— Malade... ce cher enfant! Vite, Marguerite,... Marguerite... une voiture! je veux aller voir mon enfant.

— Impossible! s'écria le docteur; vous n'êtes pas en état de sortir ni de supporter une voiture.

— Vous m'avez dit encore ce matin que cela était possible; vous m'avez dit que demain, au retour de Philippe, j'irais voir le pauvre petit.

— J'augurais mieux de vous.

— Vous me trompiez?

Le docteur garda le silence.

— Marguerite! répéta Andrée, qu'on m'obéisse... une voiture!

— Mais tu peux en mourir, interrompit Philippe.

— Eh bien! j'en mourrai!... je ne tiens pas tant à la vie!...

Marguerite attendait, regardant tour à tour sa maîtresse, son maître et le docteur.

— Ça! quand je commande!... s'écria Andrée, dont les joues se couvrirent d'une rougeur subite.

— Chère sœur!

— Je n'écoute plus rien, et si l'on me refuse une voiture, j'irai à pied.

— Andrée, dit tout à coup Philippe en la prenant dans ses bras, tu n'iras pas, non, tu n'as pas besoin d'y aller.

— Mon enfant est mort! articula froidement la jeune fille, en laissant tomber ses bras le long du fauteuil où Philippe et le docteur venaient de l'asseoir.

Philippe ne répondit qu'en baisant une de ses mains froides et inertes... Peu à peu, le col d'Andrée perdit sa rigidité ; elle laissa tomber sa tête sur son sein et versa d'abondantes larmes.

— Dieu a voulu, dit Philippe, que nous subissions ce nouveau malheur ; Dieu, qui est si grand, si juste ; Dieu, qui avait sur toi d'autres desseins, peut-être ; Dieu, enfin, qui jugeait, sans doute, que la présence de cet enfant à tes côtés, était un châtiment immérité.

— Mais enfin... soupira la pauvre mère, pourquoi Dieu a-t-il fait souffrir cette innocente créature?

— Dieu ne l'a pas fait souffrir, mon enfant, dit le docteur ; la nuit même de sa naissance, il mourut... Ne lui donnez pas plus de regrets qu'à l'ombre qui passe et s'évanouit.

— Ses cris que j'entendais?...

— Furent son adieu à la vie.

Andrée cacha son visage dans ses mains, tandis que les deux hommes, confondant leur pensée dans un éloquent regard, s'applaudissaient de leur pieux mensonge.

Soudain Marguerite rentra, tenant une

lettre... Cette lettre était adressée à Andrée... La suscription portait :

« A mademoiselle Andrée de Taverney,
« rue Coq-Héron, la première porte après
« la rue Plâtrière. »

Philippe la montra au docteur par-dessus la tête d'Andrée, qui ne pleurait plus, mais s'absorbait dans ses douleurs.

— Qui peut lui écrire ici, pensait Philippe; nul ne connaît son adresse, et l'écriture n'est pas de notre père.

— Donnez-lui la lettre, interrompit le docteur, ce sera une distraction à cette profonde rêverie qui m'inquiète.

— Tiens, Andrée, dit Philippe, une lettre pour toi.

Sans réfléchir, sans résister, sans s'étonner, Andrée déchira l'enveloppe, et, essuyant ses yeux, déplia le papier pour lire; mais à peine eut-elle parcouru les trois lignes qui composaient cette lettre, qu'elle poussa un grand cri, se leva comme une folle, et, raidissant ses bras et ses pieds dans une contraction terrible, tomba, lourde comme une statue, dans les bras de Marguerite qui s'approchait.

Philippe ramassa la lettre et lut :

« En mer, ce 15 décembre 17..

« Je pars! chassé par vous, et vous ne « me reverrez plus; mais j'emporte mon « enfant, qui jamais ne vous appellera sa « mère !

« Gilbert. »

Philippe froissa le papier avec un rugissement de rage.

— Oh! dit-il en grinçant des dents, j'avais presque pardonné le crime du hasard; mais ce crime de la volonté sera puni... Sur ta tête inanimée, Andrée, je jure de tuer le misérable la première fois qu'il se présentera devant moi. Dieu voudra que je le rencontre, car il a comblé la mesure... Docteur, Andrée en reviendra-t-elle?

— Oui, oui!

— Docteur, il faut que demain Andrée entre au monastère de Saint-Denis; il faut qu'après-demain je sois au plus prochain port de mer... Le lâche s'est enfui... Je le suivrai... Il me faut cet enfant d'ailleurs... Docteur, quel est le plus prochain port de mer?

— Le Havre.

— Je serai au Havre dans trente-six heures, répondit Philippe.

TABLE DES MATIÈRES.

	Pages
I. Le cas de conscience (*suite*)	1
II. Les projets de Gilbert	13
III. Où Gilbert voit qu'un crime est plus facile à commettre, qu'un préjugé à vaincre	37
IV. Résolution	71
V. Au quinze décembre	89
VI. Dernière audience	117
VII. L'enfant sans père	149
VIII. L'enlèvement	171
IX. Le village d'Haramont	195
X. La famille Pitou	219
XI. Le départ	245
XII. Le dernier adieu de Gilbert	269

CORBEIL. — IMPRIMERIE DE CRÉTÉ.

www.ingramcontent.com/pod-product-compliance
Lightning Source LLC
Chambersburg PA
CBHW071522160426
43196CB00010B/1620